Mystères des Rosie Cross

ou, l'histoire de cette curieuse secte du Moyen Âge,

connue sous le nom de Rosicruciens,

avec des exemples de leurs prétentions et

revendications telles qu'exposées dans les écrits de

leurs dirigeants et disciples.

Anonyme

Writat

Cette édition parue en 2024

ISBN : 9789361466755

Publié par
Writat
email : info@writat.com

Contenu

PRÉFACE.

Dans les pages suivantes , nous avons tenté de transmettre quelque chose qui ressemble à une idée intelligible de la secte mystique particulière connue des lecteurs de l'histoire sous le nom de Rose-Croix. Le sujet est, il faut l'avouer, difficile, en raison du caractère grossièrement absurde des écrits laissés par les disciples de ce corps, et du secret dont ils cherchaient à entourer leurs mouvements et à revêtir leurs paroles. Tout ce qui ressemble à une narration consécutive est impossible, les matériaux disponibles étant si fragmentaires et disjoints. Nous avons cependant fait de notre mieux avec les faits qui étaient à notre portée, et si nous ne sommes pas en mesure de présenter un traité aussi scientifique et aussi parfait que nous aurions pu l'espérer, nous espérons au moins que la contribution suivante à la rare littérature traitant de cette question sera trouvée intéressante et jettera un peu de lumière sur ce qui est enveloppé d'un si profond mystère.

CHAPITRE I.

Qui et qu'étaient les Rose-Croix ?

LE Les questions qui se présentent au seuil de cette enquête sont : — Qui et qu'étaient les Rose-Croix ? Quand et où ont-ils prospéré, et quelle influence les principes particuliers qu'ils ont pu avoir ou les pratiques auxquelles ils ont pu se livrer ont-ils exercé sur le monde ? Nous nous efforcerons de répondre à ces questions aussi distinctement que le permet un sujet aussi mystérieux et extravagant, et illustrerons le tout par de copieux extraits des écrits de dirigeants et de disciples reconnus.

En comparaison, on sait très peu de choses sur ces personnes ; et, si nous ouvrons l'un de nos ouvrages de référence générale, tels que dictionnaires et encyclopédies, nous ne trouvons guère plus qu'un simple rappel qu'il s'agissait d'une secte mystique que l'on trouvait dans quelques pays européens vers le milieu du XVe siècle. Qu'une telle secte ait existé est incontestable, et l'opinion selon laquelle ce qu'il en reste existe à l'heure actuelle en relation avec la franc-maçonnerie moderne ne semble pas totalement dénuée de fondement.

Ils semblent avoir un lien étroit avec les alchimistes ; surgissant en tant que corps distinct lorsque ces chercheurs enthousiastes du pouvoir de transmuter les métaux les plus vils en métaux plus nobles créaient une sensation inhabituelle. Vers la fin du XVe siècle, un pilote hollandais nommé Haussen eut la malchance de faire naufrage au large des côtes écossaises. Le navire a été perdu, mais Haussen a été sauvé par un gentleman écossais , un certain Alexander Seton, qui a embarqué dans un bateau et a ramené le marin qui se noyait à terre. Une chaleureuse amitié naquit entre les deux et, environ dix-huit mois plus tard, Seton se rendit en Hollande et rendit visite à l'homme qu'il avait sauvé. Au cours de cette visite, il informa le Hollandais qu'il était en possession du secret de la pierre philosophale, et le rapport dit qu'en sa présence il transmua effectivement de grandes quantités de métal vulgaire en or le plus fin, qu'il lui laissa en cadeau. Seton prit finalement congé de son ami et poursuivit ses voyages à travers diverses parties du continent. Il n'a fait aucune tentative pour cacher la possession de son fameux secret, mais en a parlé ouvertement partout où il allait et a réalisé certaines expériences dont il a persuadé que les gens étaient de véritables transmutations de métal vulgaire en or. Malheureusement pour lui, le duc de Saxe entendit parler de ces prodiges, et le fit immédiatement arrêter et mettre au supplice du chevalet pour lui arracher le précieux secret, ou pour le contraindre du moins à l'utiliser à son service spécial. Tout fut en vain, cependant, le secret, s'il le possédait réellement, resta enfermé dans son propre sein, et il resta pendant des mois en prison soumis à des traitements qui le réduisirent à n'avoir plus que la peau et les os, et le tuèrent presque. Un Polonais, nommé Sendivogius, également alchimiste, passionné comme le reste de la fraternité, qui avait dépensé du temps et de l'argent dans des recherches sauvages et inutiles, entra alors en scène. Les souffrances de Seton éveillèrent sa sympathie, et il résolut de réussir, si possible, à échapper au tyran. Après avoir éprouvé beaucoup de difficultés, il obtint la permission de rendre visite au prisonnier, qu'il trouva dans un cachot sombre et sale, dans un état proche de la famine absolue. Il fit aussitôt part au malheureux de ses propositions, qui furent écoutées avec le plus grand empressement, et Seton déclara que s'il parvenait à obtenir sa libération, il ferait de lui l'un des hommes vivants les plus riches. Sendivogius se mit alors à sa tâche vraiment difficile ; et, en vue de son accomplissement, il commença une série de mouvements curieux et astucieux. Sa première démarche fut de se procurer de l'argent comptant, ce qu'il fit en vendant une propriété près de Cracovie. Il commença alors à mener une vie gaie et quelque peu dissipée à Dresde ; il donna de splendides banquets, auxquels il invita les officiers de la garde, sélectionnant particulièrement ceux qui étaient de service à la prison. Au fil du temps, son hospitalité produisit l'effet escompté ; il gagna entièrement la confiance des fonctionnaires, et, prétendant qu'il s'efforçait de vaincre l'obstination du captif et de percer son secret, on lui permit d'accéder librement à lui. Il fut enfin résolu, un certain jour, de tenter une évasion ; et, après avoir endormi le garde au moyen de quelque vin drogué, il aida Seton à franchir un mur et le conduisit à une chaise de poste, qu'il attendait commodément, pour le conduire en Pologne. Dans le véhicule, Seton trouva sa femme qui l'attendait, portant avec elle un paquet de poudre noire, qui était censée être la pierre philosophale par laquelle le fer et le cuivre pouvaient être transmués en or. Ils arrivèrent tous sains et saufs à Cracovie, mais les souffrances de Seton avaient été si graves et avaient tellement réduit sa force physique qu'il ne survécut pas plusieurs mois. Il mourut vers 1603 ou 1604, laissant derrière lui de nombreuses œuvres marquées Cosmopolite. Peu de temps après sa mort, Sendivogius épousa la veuve ; et, d'après les récits qui nous sont parvenus, il fut bientôt initié aux méthodes permettant de transformer les métaux les plus communs en métaux plus fins. Avec la poudre noire, nous dit-on , il transforma de grandes quantités de vif-argent en or le plus pur, et ce, en présence de l'empereur Rodolphe II. à Prague, qui, en commémoration du fait, fit fixer une tablette de marbre avec une inscription dans le mur de la pièce où se faisait l'expérience. Que l'expérience ait été frauduleuse ou non, la tablette était en réalité fixée dans ledit mur, et fut vue et décrite par Desnoyens, secrétaire de la princesse Marie de Gonzague, reine de Pologne, en 1651.

Rodolphe, l'empereur, semble avoir été parfaitement satisfait du succès de l'alchimiste, et lui aurait comblé les plus hauts honneurs s'il avait été disposé à les accepter ; Cependant cela ne convenait pas à son inclination ; il préféra, dit-on, sa liberté et alla résider dans son domaine de Gravarna, où il tenait maison ouverte à tous ceux qui répondaient à ses invitations. Son biographe, Brodowski, qui fut aussi son intendant, insiste, contrairement à d'autres écrivains, sur le fait que la poudre magique était rouge et non noire ; qu'il le gardait dans une boîte d'or, et qu'avec un grain il pouvait gagner cent ducats, ou mille rix dollars, en utilisant généralement le vif-argent comme base de ses opérations. En voyage, cette boîte était portée par l'intendant, qui la suspendait à son cou par une chaîne d'or ; Cependant la majeure partie de la poudre était cachée dans un endroit secret creusé dans le pas de son char ; celui-ci étant considéré comme un lieu sûr en cas d'attaque par des voleurs. Il semble avoir vécu dans la peur constante d'être volé et avoir eu recours à toutes sortes de précautions pour sécuriser son trésor lors d'un voyage ; car on dit qu'il était bien connu comme le possesseur de cette pierre philosophale, et que de nombreux aventuriers guettaient toute occasion de le voler.

Brodowski raconte qu'un prince allemand lui servit autrefois un tour de scorbut qui le mit ensuite sur ses gardes. Le prince était si désireux de voir les merveilleuses expériences dont il avait tant entendu parler, qu'il tomba à genoux devant l'alchimiste, en le suppliant de les faire en sa présence. Sendivogius, après de nombreuses pressions, laissa ses objections être vaincues ; et, sur la promesse du secret du prince, il lui montra ce dont il désirait tant être témoin. Mais à peine l'alchimiste fut-il parti que le prince entra en conspiration avec un autre alchimiste, nommé Muhlenfels, pour voler à Sendivogius la poudre qu'il utilisait dans ses opérations. Accompagné de douze serviteurs armés, Muhlenfels se précipita après Sendivogius, et le rattrapant dans une auberge isolée, où il s'était arrêté pour dîner, lui arracha de force sa boîte en or contenant un peu de poudre ; un livre manuscrit sur la pierre philosophale ; une médaille d'or, avec sa chaîne, que lui offrit l'empereur Rodolphe ; et un riche bonnet orné de diamants, d'une valeur de cent mille rix-dollars.

Sendivogius n'était pas du tout disposé à supporter un tel traitement sans faire un effort pour obtenir réparation, aussi se rendit-il immédiatement à Prague et déposa sa plainte devant l'empereur. L'Empereur envoya aussitôt un express au prince, lui ordonnant de lui livrer Muhlenfels et son butin. Alarmé de l'aspect que prenaient les choses, le prince, traître envers l'un comme il l'avait été envers l'autre, érigea une potence dans sa cour et pendit Muhlenfels avec un voleur à ses côtés. Il renvoya le chapeau orné de bijoux, la médaille et la chaîne, ainsi que le livre manuscrit ; la poudre, dit-il, il n'en savait rien .

Sendivogius adopta alors un mode de vie complètement différent de celui auquel il était autrefois accro ; il feignait d'être excessivement pauvre, et gardait parfois son lit pendant des semaines ensemble, pour faire croire au peuple qu'il lui était impossible d'être propriétaire de la pierre philosophale. Il mourut en 1636, à l'âge de quatre-vingts ans, et fut enterré à Gravarna.

Or, il est communément admis par la plupart des gens qui ont étudié le sujet, qu'il existe un lien étroit et intime entre les Alchymistes et les Rose-Croix ; c'est probablement vrai, et une lecture des œuvres de John Heydon et d'autres d'un caractère similaire approfondira cette impression. C'est en effet du _the_vivant de Sendivogius que les Rose-Croix commencèrent pour la première fois à faire leur marque en Europe et à faire sensation. Un écrivain moderne dit : « L'influence qu'ils ont exercée sur l'opinion au cours de leur brève carrière, et l'impression permanente qu'ils ont laissée sur la littérature européenne, méritent pour eux une attention particulière. Avant leur époque, l'alchimie n'était qu'une illusion rampante ; et c'est à eux le mérite de l'avoir spiritualisé et affiné. Ils élargirent également sa sphère et supposèrent que la possession de la pierre philosophale était non seulement le moyen de richesse, mais aussi de santé et de bonheur, et l'instrument par lequel l'homme pouvait commander les services d'êtres supérieurs, contrôler les éléments à sa guise. , défiez les obstructions du temps et de l'espace et acquérez la connaissance la plus intime de tous les secrets de l'univers. [1]

C'est un fait bien connu de tous les lecteurs avertis , qu'à cette époque le continent européen était saturé des superstitions les plus dégradantes. Les diables étaient censés parcourir la terre et se mêler des affaires des hommes ; les mauvais esprits, de l'avis même des sages et des érudits, étaient considérés comme étant à l'appel de quiconque les convoquerait avec les formalités appropriées ; et les sorcières étaient quotidiennement brûlées dans toutes les capitales de l'Europe. La nouvelle secte enseignait une doctrine moins répugnante. Ils surgirent en Allemagne, s'étendirent avec un certain succès à la France et à l'Angleterre, et suscitèrent de vives controverses. Même si leurs conceptions étaient aussi éloignées que celles des démonologues et des sorciers, le credo était plus gracieux. Ils enseignaient que les éléments ne pullulaient pas d'esprits hideux, immondes et vengeurs, mais de belles créatures, plus prêtes à rendre service à l'homme qu'à lui infliger du mal. Ils enseignaient que la terre était habitée par les Gnomes, l'air par les Sylphes, le feu par les Salamandres et l'eau par les Nymphes ou Ondines ; et que l'homme, par sa communication avec eux, pourrait apprendre les secrets de la nature et découvrir toutes ces choses qui ont intrigué les philosophes depuis des siècles : le mouvement perpétuel, l'élixir de vie, la pierre philosophale et l'essence de l'invisibilité.

Concernant l'origine et la signification du terme rosicrucien, différentes opinions ont été émises et exprimées . Certains ont pensé qu'il était composé de _rosa_ et _de crux_ (une _rose_ et une _croix_), mais d'autres soutiennent, d'après une bonne autorité, qu'il s'agit d'un composé de ros (rosée) et de crux (croix). Mosheim soutient qu'il est abondamment attesté que le titre de Rosicruciens a été donné aux chimistes qui unissaient l'étude de la religion à la recherche des secrets chimiques, le terme lui-même étant chimique, et ne devant pas être compris sans une connaissance du style utilisé par les chimistes. le chimiste. Nous donnerons tout à l'heure quelques extraits d'ouvrages rosicruciens très anciens qui éclaireront nos lecteurs en la matière.

Une croix dans le langage des philosophes du feu est la même chose que Lux (lumière), car le chiffre a + présente les trois lettres du mot *Lux* d'un seul coup d'œil. De plus, cette secte appliquait le terme *Lux* à la *graine ou menstruum du Dragon Rouge* , ou à cette lumière brute et corporelle qui, convenablement concoctée et digérée, produit de l'or. Un rosicrucien est donc un philosophe qui, au moyen de *la rosée,* cherche *la lumière* , c'est-à-dire la substance de la pierre philosophale.

Mosheim déclare que les autres interprétations de ce nom sont fausses et trompeuses, étant des inventions des chimistes eux-mêmes, qui aimaient extrêmement la dissimulation, dans le but d'en imposer à d'autres qui étaient hostiles à leurs opinions religieuses. La véritable portée de ce titre, dit-il, a été perçue par la sagacité de Peter Gassendi, Examen Philosophiæ Fluddanæ, sec. 15, dans son Opp. III, 261 ; bien que cela ait été expliqué plus lucidement par le célèbre médecin français Eusèbe Renaudot, *Conférences Publiques* , iv . 87.

En 1619, le Dr Jo. Valentine Andreæ, un célèbre théologien luthérien, publia sa Tour de Babel ou Chaos d'opinions concernant la Fraternité des Rose-Croix, dans lequel il représente toute l'histoire comme une farce, et laisse entendre qu'il était *lui -même* soucieux de la faire remonter. .

Brucker dit qu'à la classe des Théosophes on désigne communément toute la société des Rose-Croix, qui, au début du XVIIe siècle, fit tant de bruit dans le monde ecclésiastique et littéraire. L'histoire de cette société, assez obscure, semble être la suivante : « Son origine est rapportée à un certain Allemand, nommé Rosencreuz, qui, au XIVe siècle, visitait le Saint-Sépulcre ; et, en voyageant à travers l'Asie et l'Afrique, il fit connaissance avec de nombreux secrets orientaux ; et qui, après son retour, institua une petite fraternité, à laquelle il communiqua les mystères qu'il avait appris, sous le serment d'un secret inviolable. Cette société resta cachée jusqu'au début du XVIIe siècle, lorsque deux livres furent publiés, l'un intitulé *Fama Fraternitatis laudabilis Ordinis Rosæcrusis* : « Le rapport de la louable Fraternité des Rose-Croix » ; l'autre, *Confessio Fraternitatis* , « La Confession de la Fraternité ». Dans ces livres, le monde était informé que cette fraternité était habilitée, par révélation divine, à expliquer les secrets les plus importants, tant de la nature que de la grâce ; qu'ils étaient chargés de corriger les erreurs du monde savant, notamment en philosophie et en médecine ; qu'ils possédaient la pierre philosophale et connaissaient à la fois l'art de transmuter les métaux et de prolonger la vie humaine ; et enfin, grâce à eux, l'âge d'or reviendrait. Dès que ces grands secrets furent divulgués , toute la tribu des Paracelsistes, des Théosophes et des Chimistes se rassembla sous l'étendard rosicrucien, et tout mystère nouveau et inouï fut rapporté à cette fraternité. Il est impossible de raconter combien de bruit cette merveilleuse découverte a fait, ni quelles différentes opinions se sont formées à son sujet. Après tout, même si les lois et les statuts de la société étaient apparus, personne ne pouvait dire où se trouvait la société elle-même ni qui en appartenait réellement. Certains observateurs sagaces ont imaginé qu'une certaine signification importante était cachée sous l'histoire de la Fraternité rosicrucienne, bien qu'ils fussent totalement incapables de dire de quoi il s'agissait. On conjecturait que quelque mystère chimique se cachait derrière le récit allégorique ; un autre supposait qu'il présageait quelque grande révolution ecclésiastique. Enfin Michel Breler, en 1620, eut le courage de déclarer publiquement qu'il savait certainement que toute cette histoire était l'œuvre de quelques personnes ingénieuses qui ont choisi de s'amuser en imposant au public la crédulité . Cette déclaration souleva un soupçon général contre toute l'histoire ; et, comme personne n'entreprit de la contredire, cette merveilleuse société disparut chaque jour, et les rumeurs qui s'étaient répandues à son sujet cessèrent. Il s'agissait probablement d'un stratagème destiné à ridiculiser les prétendants à la sagesse secrète et aux pouvoirs merveilleux, en particulier les chimistes, qui se vantaient de posséder la pierre philosophale. On a supposé – et la tournure satirique de ses écrits, ainsi que plusieurs passages particuliers de ses œuvres, favorisent la conjecture – que cette farce a été inventée et interprétée, au moins en partie, par John Valentine Andrea de Wartenburg. [2]

Pope, dans la dédicace de son Viol de la serrure à Mme Arabella Fermor, a écrit : « Je sais combien il est désagréable d'utiliser des mots durs devant une dame ; mais c'est tellement l'affaire d'un poète de faire comprendre ses œuvres — et particulièrement par votre sexe — qu'il faut me permettre d'expliquer deux ou trois termes difficiles.

« Les Rose-Croix sont un peuple qu'il me faut vous faire connaître. Le meilleur récit que j'en connaisse se trouve dans un livre français intitulé Le Comte de Gabalis, qui, tant par son titre que par sa taille , ressemble tellement à un roman, que beaucoup de gens du beau sexe l'ont lu par erreur. Selon ces messieurs , les quatre éléments sont habités par des esprits, qu'ils appellent sylphes, gnomes, nymphes et salamandres. Les gnomes, ou démons de la terre, se plaisent au mal ; mais les sylphes, dont l'habitation est dans les airs, sont les créatures les mieux conditionnées qu'on puisse imaginer ; car on dit que tous les mortels peuvent jouir des familiarités les plus intimes avec ces doux esprits, à une condition très facile pour tous les vrais adeptes, une préservation inviolable de la chasteté.

Sur les lignes (verset 20, chant 1):—

"Belinda a toujours son oreiller moelleux ,
sa sylphe gardienne a prolongé le doux repos."

dans Rape of the Lock de Pope, Warburton commente ainsi : -

« Lorsque M. Pope avait projeté de donner au Viol de la serrure sa forme actuelle de poème héroïque, il fut obligé de le trouver avec sa machinerie. Car, comme le sujet de l'Épopée se compose de deux parties, la métaphysique et la civile ; ainsi cette épopée moqueuse, qui est du genre satirique et reçoit sa grâce d'une imitation ridicule de la pompe et de la solennité d'autrui, devait avoir la même nature composée. Et comme la partie civile est intentionnellement avilie par le choix d'une action insignifiante ; il en va de même pour la métaphysique par l'application de quelque système très extravagant. Règle à laquelle , même si ni Boileau ni Garth n'avaient pris soin de la respecter, le bon sens de notre auteur ne lui permettrait pas de la négliger. Et ce genre de machinerie que son jugement lui indiquait n'était que propre à l'usage, son admirable invention le lui fournit bientôt. Il n'y avait qu'une seule extravagance systématique dans toute la nature qui correspondait à son objectif, la philosophie rosicrucienne ; et c'est grâce à l'effort d'une imagination bien dirigée qu'il s'en empara bientôt. Les alchimistes fanatiques, dans la recherche du grand secret, avaient inventé un moyen tout à fait pour atteindre leur but : c'était une sorte de philosophie théologique, composée d'un mélange à parts presque égales de platonisme païen, de quiétisme chrétien et de kabbale juive ; un mélange assez monstrueux pour effrayer la raison du commerce humain. Ce système, nous dit-il, il l'a pris tel qu'il l'a trouvé dans un petit traité français intitulé *La Comte de Gabalis* . Ce livre est écrit en dialogues, et est une raillerie délicate et très ingénieuse sur cette secte invisible par l'abbé Villiers ; les récits étranges qui circulaient sur les exploits et les aventures de leurs adeptes faisaient alors grand bruit à Paris. Mais, comme dans ce dialogue satirique, M. P. a trouvé plusieurs fantaisies d'une très haute nature mystérieuse, racontées sur leurs êtres élémentaires, qui étaient inaptes à entrer dans la machinerie d'une telle sorte de poème, il a, à leur place, avec beaucoup de jugement, il substitua les histoires légendaires des anges gardiens et les contes des enfants des fées, et les adapta adroitement au reste de la Rose-Croix System. Et à ce discours astucieux (à moins que nous soyons assez peu charitables pour penser qu'il avait l'intention de scandaliser inutilement), nous devons supposer qu'il faisait référence dans ces deux lignes,

"Si jamais une vision touchait ton enfant , pense
à toute la *nourrice* et à tout le *prêtre* qui t'ont enseigné."

Ainsi, par la plus belle invention imaginable, il a réussi à ce que (comme dans l'Épopée sérieuse, la croyance populaire soutient la machinerie) dans sa simulation d'Épopée, la machinerie (tirée d'une circonstance la plus humiliante pour la raison dans tout fanatisme philosophique) serve à pour démonter l'orgueil et l'arrogance instruits.

Au verset 45, chant 1, il remarque : « Le poète abandonne ici son système rosicrucien ; ce qui, dans cette partie, est trop extravagant même pour une poésie ridicule.

Au verset 68, chant 1, il continue : — « Ici encore, l'auteur reprend le système rosicrucien. Mais ce principe, particulier à cette philosophie sauvage, a été trouvé sur un principe très impropre à être employé dans une telle sorte de poème, et, par conséquent, supprimé, bien qu'un écrivain moins judicieux eût été tenté de s'étendre là-dessus.

Swift, dans le Conte d'une baignoire, dit : « La nuit étant la mère universelle des choses, les sages philosophes considèrent que tous les écrits sont féconds, dans la mesure où ils sont sombres ; et c'est pourquoi les véritables illuminés (c'est-à-dire les plus sombres de tous) ont rencontré des commentateurs si innombrables, dont les sages-femmes scolastiques leur ont délivré des significations, que les auteurs eux-mêmes n'ont peut-être jamais conçu, et pourtant peuvent très justement être autorisés aux parents légitimes. d'eux; les paroles de tels écrivains sont comme des graines qui, même dispersées, au hasard, lorsqu'elles tombent sur un sol fertile, se multiplieront bien au-delà des espérances ou de l'imagination du semeur. Et, par conséquent, afin de promouvoir un ouvrage si utile, je prendrai ici congé de jeter un coup d'œil sur quelques insinuations, qui peuvent être d'une grande aide à ces esprits sublimes, qui seront nommés pour travailler dans un commentaire universel sur ce merveilleux discours. Et premièrement, j'ai posé un mystère très profond dans le nombre de O multiplié par sept et divisé par neuf. Aussi , si un dévot frère de la rose-croix prie avec ferveur pendant soixante-trois matins, avec une foi vive, et transpose ensuite certaines lettres et syllabes, selon la prescription, dans la deuxième et la cinquième section, il révélera certainement en un sens complet. réception de l' *opus magnum* . Enfin, quiconque prendra la peine de calculer le nombre entier de chaque lettre dans ce traité, et de résumer exactement la différence entre les différents nombres, en attribuant la véritable cause naturelle à chaque différence, les découvertes sur le produit récompenseront largement son travail."

« Pour l'apprentissage mystique, merveilleux capable
de talismans et de cabales magiques, dont la tradition primitive atteint
jusqu'aux premières culottes vertes d'Adam ; une vision profonde des
intelligences, des idées, des atomes, des influences ; et une grande partie de
Terra-Incognita, le monde intelligible, pourrait dire ; Un philosophe occulte
profond ,
aussi érudit que le sont les Irlandais sauvages,

ou Sir Agrippa, pour son mensonge profond et solide, très réputé. Il
Anthroposophus et Fludd ,
et Jacob Behmen a compris; connaissait beaucoup d'amulettes et de
charmes, qui ne feraient ni bien ni mal; Dans la tradition rose-crousienne,
on apprend
autant que celui qui *est adepte* a gagné.
— HUDIBRAS , première partie, chant I.
La Globe Encyclopædia, sous l'article Rosicruciens, dit : « Une fraternité
mystique révélée au monde extérieur dans la *Fama Fraternitatis RC* (1614), la
Confessio Fraternitatis RC (1615) et la Chymische Hochzeit Christiani
Rosenkreuz (1616), dont la dernière fut reconnu par, comme les deux œuvres
précédentes étaient communément attribuées, Johann Valentin Andreæ.
D'eux nous apprenons qu'un noble allemand du XIVe siècle, un certain
Christian Rosenkreuz, après un long voyage en Orient, fonda à son retour
une confrérie de sept adeptes, les R., et mourant à l'âge de 106 ans fut enterré
dans leur temple. — la « Maison du Saint-Esprit », avec l'inscription sur sa
tombe : « Post CXX. annos patebo. Les lois de l'ordre, ainsi rendues
publiques au fil des temps, étaient que ses membres devaient guérir les
malades gratuitement, se réunir une fois par an dans un certain lieu secret,
adopter comme symbole RC (*c'est-à-dire Rosea Crux*) ou un rose jaillissant
d'une croix (le symbole, notons-le, du sceau de Luther), et devraient prendre
l'habit et les manières de n'importe quel pays où ils pourraient se rendre. On
suppose maintenant qu'André avait simplement l'intention de tromper la
crédulité de son époque, et que Christian Rosenkreuz et tous les mystères qui
en découlent étaient entièrement l'œuvre de son cerveau fertile. Cependant,
le canular, s'il y en avait, fut pris au sérieux et dès 1622, les sociétés
d'alchimistes de La Haye et d'ailleurs prirent le titre de R., tandis que les
principes rosicruciens influencèrent puissamment les cabalistes, les francs-
maçons et les Illuminati, et furent professés par Cagliostro et autres
imposteurs similaires. Aujourd'hui encore, on dit qu'il existe à Londres une
loge rosicrucienne, dont les membres prétendent par ascétisme vivre au-delà
de l'âge assigné à l'homme, et dans laquelle feu Lord Lytton a cherché en vain
à entrer.
« Un jour, j'étais en train de discuter avec un rosicrucien au sujet du « grand
secret ». Comme ce genre d'hommes, je veux dire ceux d'entre eux qui ne
sont pas des tricheurs déclarés, sont envahis d'enthousiasme et de
philosophie, il était très amusant d'entendre cet adepte religieux déverser sur
sa prétendue découverte. Il parlait du secret comme d'un esprit qui vivait
dans une émeraude et convertissait tout ce qui se trouvait à proximité à la
plus haute perfection dont il était capable. « Cela donne de l'éclat, dit-il, au
soleil, et de l'eau au diamant. Il irradie tous les métaux et enrichit le plomb
de toutes les propriétés de l'or. Cela élève la fumée en flamme, la flamme en
lumière et la lumière en gloire. Il ajouta en outre qu'un seul rayon dissipe la

douleur, les soucis et la mélancolie de la personne sur laquelle il tombe. Bref, dit-il, « sa présence change naturellement tout lieu en une sorte de paradis ». «Après avoir continué quelque temps dans ce discours inintelligible, j'ai découvert qu'il mélangeait des idées naturelles et morales dans le même discours, et que son grand secret n'était rien d'autre que le contenu.»

CHAPITRE II.

Notices historiques des rosicruciens.

SI mystérieuse, et la plupart de leurs mouvements, pratiques et opinions étaient si impliqués dans le doute et l'obscurité, que presque tout ce qui les concernait a été nié ou mis en doute à un moment ou à un autre par ceux qui ont écrit à leur sujet. Le Dr Mackay dit : « Beaucoup ont nié l'existence d'un personnage tel que Rosencreutz, et ont fixé l'origine de cette secte à une époque beaucoup plus tardive. La première aube, disent-ils, se trouve dans les théories de Paracelse et les rêves du Dr Dee, qui, sans le vouloir, est devenu le fondateur actuel, bien que jamais reconnu, de la philosophie rosicrucienne. Il est maintenant difficile, voire impossible, de déterminer si Dee et Paracelsus ont obtenu leurs idées des Rosicruciens alors obscurs et inconnus, ou si les Rosicruciens se sont contentés de les suivre et de les améliorer. Il est certain que leur existence ne fut soupçonnée qu'en 1605, lorsqu'ils commencèrent à exciter l'attention en Allemagne. A peine leurs doctrines furent-elles promulguées, que tous les visionnaires, paracelsistes et alchimistes, se rassemblèrent autour de leur étendard et vantèrent Rosencreutz comme le nouveau régénérateur de la race humaine. Selon Mayer, célèbre médecin de l'époque, qui publia à Cologne en 1615 un rapport sur les principes et les ordonnances de la nouvelle fraternité, ils affirmaient en premier lieu que les méditations de leurs fondateurs dépassaient tout ce qu'on avait jamais imaginé. depuis la création du monde, sans même excepter les révélations de la Divinité ; qu'ils étaient destinés à accomplir la paix générale et la régénération de l'homme avant la fin du monde ; qu'ils possédaient toute la sagesse et la piété au degré suprême ; qu'ils possédaient toutes les grâces de la nature, et pouvaient les distribuer au reste de l'humanité selon leur bon plaisir ; qu'ils n'étaient sujets ni à la faim, ni à la soif, ni à la maladie, ni à la vieillesse, ni à aucun autre inconvénient de la nature ; qu'ils connaissaient par inspiration et au premier coup d'œil tous ceux qui étaient dignes d'être admis dans leur société ; qu'ils avaient alors la même connaissance qu'ils auraient possédée s'ils avaient vécu depuis le commencement du monde, et qu'ils l'avaient toujours acquise ; qu'ils avaient un volume dans lequel ils pouvaient lire tout ce qui a jamais été ou sera écrit dans d'autres livres jusqu'à la fin des temps ; qu'ils pouvaient contraindre et retenir à leur service les esprits et les démons les plus puissants ; que grâce à leurs chants, ils pouvaient attirer des perles et des pierres précieuses des profondeurs de la mer ou des entrailles de la terre ; que Dieu les avait couverts d'un épais nuage, au moyen duquel ils pouvaient se mettre à l'abri de la malignité de leurs ennemis, et qu'ils pouvaient ainsi se rendre invisibles à tous les yeux ; que les huit premiers frères de la Rosie-Cross avaient le pouvoir de guérir toutes les maladies ; que grâce à la fraternité, le triple diadème du Pape serait réduit en poussière ; qu'ils n'admettaient que deux sacrements, avec les cérémonies de l'Église primitive, renouvelées par eux : qu'ils reconnaissaient la Quatrième Monarchie et l'empereur des Romains pour leur chef et le chef de tous les chrétiens ; qu'ils lui fourniraient plus d'or, leurs trésors étant inépuisables, que le roi d'Espagne n'en avait jamais tiré des régions dorées de l'Inde orientale et occidentale.

Les choses se passèrent assez tranquillement pendant un certain temps, les conversions se faisant facilement en Allemagne, mais seulement avec difficulté dans d'autres régions. Mais en 1623, les frères firent brusquement leur apparition à Paris, et les habitants de la ville furent surpris, le 3 mars, de trouver placardé sur les murs un manifeste à cet effet : « Nous, députés du collège principal de les frères de la Rosie-Croix, ont élu domicile, visibles et invisibles, dans cette ville, par la grâce du Très-Haut, vers qui sont tournés les cœurs des justes. Nous montrons et enseignons sans aucun livre ni symbole quelconque, et nous parlons toutes sortes de langues dans les pays où nous daignons habiter, pour tirer l'humanité, nos semblables, de l'erreur et les sauver de la mort.

Même si ce n'était qu'une simple plaisanterie de la part de certains esprits de l'époque, il est certain qu'elle a créé une sensation très répandue , et non sans étonnement et inquiétude, en particulier parmi le clergé. Très vite, des pamphlets d'opposition, destinés à avertir les fidèles, commencèrent à paraître. Le premier s'intitulait « Une histoire des pactes effroyables conclus entre le diable et les prétendus invisibles, avec leurs instructions damnables, la ruine déplorable de leurs disciples et leur fin misérable ». Cela fut suivi par un autre d'un caractère beaucoup plus ambitieux, prétendant être capable d'expliquer toutes les particularités et les mystères des étranges intrus. Il s'intitulait « Un examen de la Nouvelle Cabale des Frères de la Rosie-Cross, récemment venus résider dans la ville de Paris, avec l'histoire de leurs mœurs, les merveilles opérées par eux, et bien d'autres détails. »

A mesure que les livres se vendaient et circulaient, la sensation et l'inquiétude dans la poitrine des gens augmentèrent considérablement, se rapprochant presque d'une sorte de panique. Ridiculer et rire comme certains le voudraient, il était impossible de dissimuler le fait qu'une grande partie de la population avait peur physiquement de cette secte mystérieuse, dont elle n'avait jamais vu les membres. On croyait que les Rose-Croix pouvaient se déplacer d'un endroit à l'autre avec la rapidité presque de la pensée, et qu'ils prenaient plaisir à tromper et à tourmenter les citoyens malheureux, en particulier ceux qui avaient péché contre les lois de la morale. Puis vinrent tout naturellement les histoires les plus folles et les plus invraisemblables qui, comme c'est l'habitude dans de telles choses, malgré toute leur folie, furent bientôt propagées partout et augmentèrent l'alarme générale.

Un aubergiste a déclaré qu'un mystérieux étranger était entré dans son auberge, s'était régalé du meilleur de tout et avait soudainement disparu dans un nuage lorsque le règlement des comptes était présenté . Un autre était patronné par un étranger semblable, qui vivait des mets les plus raffinés et buvait les meilleurs vins de la maison pendant une semaine, et le payait avec une poignée de nouvelles pièces d'or, qui se transformaient en ardoises le lendemain matin. Il a également été rapporté que plusieurs personnes, à leur réveil au milieu de la nuit, ont trouvé dans leur chambre des individus qui sont soudainement devenus invisibles, bien que toujours palpables au moment du déclenchement de l'alarme. Telle était la consternation à Paris, que tout homme qui ne pouvait donner un compte rendu satisfaisant de lui-même risquait d' être fusillé à mort ; et des citoyens tranquilles dormaient avec des fusils chargés à leur chevet, pour se venger de tout rosicrucien qui violerait le caractère sacré de leurs chambres. Aucun homme ni aucune femme n'était considéré comme en sécurité ; le sexe féminin en particulier était censé être en danger, car on croyait implicitement qu'aucun verrou, serrure ou barre ne pouvait empêcher l'entrée des intrus, et il était fréquemment rapporté que des jeunes femmes rencontraient au milieu de la nuit des hommes étranges et surpassants. beauté dans leurs chambres, qui disparaissaient dès qu'on essayait d'exciter les habitants de la maison. Dans d'autres quartiers, on rapportait que des gens trouvaient inopinément des tas d'or dans leurs maisons, sans avoir la moindre idée d'où ils venaient ; les sentiments et les émotions ainsi suscités étaient par conséquent très contradictoires, personne ne sachant si son visiteur fantomatique pouvait être le signe avant-coureur du bien ou du mal.

Pendant que l'alarme générale était à son comble, une autre affiche mystérieuse parut, qui disait : « *Si quelqu'un désire voir les frères de la Rose-Croix par simple curiosité, il ne communiquera jamais avec nous. Mais si sa volonté l'engage réellement à inscrire son nom dans le registre de notre fraternité, nous, qui pouvons juger de la pensée de tous les hommes, le convaincrons de la vérité de nos promesses. C'est pour cette raison que nous ne publions pas au monde le lieu de notre résidence. La pensée seule, à l'unisson de la volonté sincère de ceux qui désirent nous connaître, suffit à nous faire connaître à eux, et eux à nous.* »

L'imposition ainsi perpétrée sur la crédulité du peuple n'a eu qu'une durée de vie relativement courte à Paris, de nombreuses controverses ont été engendrées entre ceux qui considéraient toute cette affaire comme un canular stupide, et ceux dont les craintes superstitieuses leur faisaient croire qu'il y avait du vrai là-dedans. , et les efforts déployés par ses disciples pour défendre leurs théories ont dépassé le but et ont exposé les erreurs de celle qu'ils étaient censés soutenir. La police a été appelée sur les lieux pour tenter de retrouver et d'arrêter les auteurs des pancartes gênantes, et l'Église a repris l'aspect moral et théologique de la sensation et a publié des brochures qui prétendaient expliquer le tout comme la production de quelques disciples. de Luther, qui furent envoyés pour promulguer l'inimitié et l'opposition au Pape. L'abbé Gaultier, jésuite, se distingua dans ce sens, et fit savoir au public que le nom même des disciples de la secte prouvait qu'ils étaient hérétiques ; une croix surmontée d'une rose étant l'emblème héraldique de l'archi-hérétique Luther. Un autre écrivain, nommé Garasse, a déclaré qu'ils n'étaient qu'une bande d'imposteurs ivres ; et que leur nom dérive de la guirlande de roses, en forme de croix, accrochée au-dessus des tables des tavernes en Allemagne comme emblème du secret, et d'où dérive le dicton commun, lorsqu'un homme communiquait un secret à un autre. , qu'il a été dit « sous la rose ». D'autres explications ont également été proposées librement , que nous n'avons pas la place de décrire, mais auxquelles nous pouvons accéder à l'aide des ouvrages savants donnés dans notre liste d'autorités.

Les accusations de mauvaises relations portées contre les Rose-Croix furent rejetées par ces personnes avec énergie et détermination ; ils affirmaient de la manière la plus positive qu'ils n'avaient rien à voir avec la magie et qu'ils n'avaient aucun rapport avec le diable. Ils déclarèrent au contraire qu'ils étaient de fidèles disciples du vrai Dieu, qu'ils avaient déjà vécu plus de cent ans et qu'ils espéraient en vivre encore plusieurs centaines, et que Dieu leur avait conféré un bonheur parfait et, en récompense de leur leur piété et leur service leur ont donné les merveilleuses connaissances qu'ils possédaient. Ils déclarent qu'ils ne tirent pas leur nom d'une croix de roses, mais de Christian Rosencreutz, leur fondateur. Lorsqu'on les accusait d'ivresse, ils disaient qu'ils ne savaient pas ce qu'était la soif et qu'ils étaient tout à fait à l'abri des tentations des aliments les plus attrayants. Ils professaient peut-être la plus grande indignation à l'idée de porter atteinte à l'honneur des femmes vertueuses, et soutenaient très positivement que le tout premier vœu qu'ils prononçaient était un vœu de chasteté, et que quiconque violerait ce serment serait immédiatement privé de tout. les avantages qu'il possédait, et être sujet à la faim, à la soif, au chagrin, à la maladie et à la mort comme les autres hommes. La sorcellerie et la sorcellerie, ils les répudièrent également très chaleureusement ; l'existence des incubes et des succubes était, disaient-ils, une pure invention de leurs ennemis, que l'homme « n'était pas entouré d'ennemis comme ceux-ci, mais de myriades d'êtres beaux et bienfaisants, tous désireux de lui rendre service. Les sylphes de l'air, les ondines de l'eau, les gnomes de la terre et les salamandres du feu étaient les amis de l'homme et ne désiraient rien tant que que les hommes se purgent de toute impureté et soient ainsi capables de voir et de voir. converser avec eux. Ils possédaient un grand pouvoir et n'étaient pas retenus par les barrières de l'espace ou les obstructions de la matière. Mais l'homme était, sur un certain point, leur supérieur. Il avait une âme immortelle, et eux non. Ils pourraient cependant participer à l'immortalité de l'homme s'ils pouvaient inspirer à un membre de cette race la passion de l'amour envers eux. C'est pourquoi les esprits féminins s'efforçaient constamment de captiver l'admiration des hommes, et les gnomes, sylphes, salamandres et ondines mâles d'être aimés d'une femme. L'objet de cette passion, en lui rendant son amour, lui communiquait une partie de ce feu céleste, l'âme ; et à partir de ce moment, le bien-aimé devint l'égal de l'amant, et tous deux, une fois le parcours qui leur était assigné accompli, entrèrent ensemble dans les demeures de la félicité. Ces esprits, disaient-ils, veillaient constamment sur l'humanité, nuit et jour. Les rêves, les présages et les pressentiments étaient toute leur œuvre et le moyen par lequel ils avertissaient de l'approche du danger. Mais bien qu'ils soient si enclins à se lier d'amitié avec les hommes pour leur propre bien, le manque d'âme les rendait parfois capricieux et vindicatifs ; ils s'offusquaient de causes légères, et comblaient au lieu de bienfaits des injures sur la tête de ceux qui éteignaient la lumière de la raison qui était en eux par la gourmandise, la débauche et d'autres appétits du corps. [3] Si grande que fut l'excitation produite dans la capitale française par ces pancartes, brochures et rapports, elle ne dura finalement que très peu de mois. Les absurdités accumulées devinrent trop lourdes, même pour les plus superstitieux, et leurs craintes furent vaincues par ce sentiment du ridicule qui se manifesta rapidement. Au lieu de trembler comme avant, les hommes riaient et se moquaient, et la détection, l'arrestation et la punition sommaire d'un certain nombre d'escrocs qui tentaient de faire passer des morceaux de laiton doré pour de l'or pur obtenu par les procédés de l'alchimie, aidée par un exposé intelligemment écrit de les folies de la secte de Gabriel Naudé, chassa bientôt le tout du territoire français.

CHAPITRE III.

Premiers dirigeants—Littérature—Histoires romantiques.

NOUS allons maintenant parler de certains des dirigeants et enseignants rosicruciens les plus éminents, et attirer l'attention sur la littérature à partir de laquelle nous obtenons nos seules informations fiables.

Au XVIe siècle vivait cet homme extraordinaire, Théophraste Paracelse, dont les écrits exerçaient peut-être une plus grande influence sur l'esprit de ses semblables que n'importe quel autre auteur de son temps. Il est certain qu'aucun homme n'avait contribué autant que lui à la diffusion de la kabbale, de la théosophie et de l'alchimie qui avaient inondé l'Allemagne et se sont répandues sur une plus grande partie de l'Europe occidentale. Or, on croyait généralement qu'au XVIIe siècle une grande et générale réforme de la race humaine aurait lieu, préalable nécessaire au jour du jugement. À ce propos, Paracelse fit plusieurs prophéties qui s'emparèrent très fortement de l'esprit public. Il déclara que la comète apparue en 1572 était le signe et l'annonciateur de la révolution à venir, et il prophétisa que peu après la mort de l'empereur Rodolphe, on trouverait trois trésors qui n'avaient jamais été révélés auparavant. En 1610 furent publiés simultanément trois livres qui conduisirent à la fondation de l'ordre rosicrucien en tant que société de district. L'une d'elles s'appelait « *Réforme universelle du monde entier* ». De Quincey résume ainsi son contenu : « Les Sept Sages de Grèce, ainsi que M. Caton et Sénèque, et un secrétaire nommé Mazzonius, sont convoqués à Delphes par Apollon, à la demande de l'empereur Justinien, et y délibèrent, sur le meilleur moyen de remédier à la misère humaine. Toutes sortes de schémas étranges sont proposés. Thalès conseilla de percer un trou dans la poitrine de chaque homme et d'y placer une petite fenêtre, grâce à laquelle il serait possible de regarder dans le cœur, de découvrir l'hypocrisie et le vice, et ainsi de les éteindre. Solon propose un partage égal de toutes les possessions et richesses. L'opinion de Chilon est que le moyen le plus simple d'atteindre le but recherché serait de bannir du monde les deux métaux infâmes et scélérats, l'or et l'argent. Kleolinlus se présente comme l'apologiste de l'or et de l'argent, mais estime que le fer devrait être interdit , car dans ce cas il ne pourrait plus y avoir de guerres entre les hommes. Pittacus insiste sur des lois plus rigoureuses, qui devraient faire de la vertu et du mérite les seuls passeports à honorer ; à quoi cependant Périandre objecte qu'il n'y a jamais eu de pénurie de telles lois, ni de princes pour les exécuter, mais assez de pénurie de sujets conformes aux bonnes lois. La vanité de Bias est que les nations doivent être séparées les unes des autres et chacune confinée dans sa propre demeure ; et dans ce but, que tous les ponts soient démolis, les montagnes rendues insurmontables et la navigation totalement interdite. Caton, qui semble être le plus sage du groupe, souhaite que Dieu, dans sa miséricorde, se plaise à laver toutes les femmes de la surface de la terre par un nouveau déluge, et en même temps à introduire quelque nouvel arrangement pour le monde. continuation de l'excellent sexe masculin sans l'aide des femmes. Sur cette proposition agréable et sensée, toute la compagnie manifeste le plus grand mécontentement et la juge si abominable qu'ils se prosternent unanimement à terre et prient dévotement Dieu « pour qu'il daigne gracieusement préserver la belle race des femmes » (quelle absurdité !)) « et sauver le monde d'un deuxième déluge ! Enfin, après un long débat, le conseil de Sénèque l'emporte ; Quel est ce conseil : que de tous les rangs soit composée une société ayant pour objet le bien-être général de l'humanité et le poursuivant en secret. Ce conseil est adopté : bien que sans grand espoir de la part de la députation, à cause de l'état désespéré de « l'Âge », qui comparaît devant eux en personne et décrit son propre état de santé misérable.

Le second ouvrage était la célèbre *Fama Fraternitatis* de l'ordre méritoire de la Rose-Croix, adressée aux savants en général et aux gouverneurs de l'Europe. Ici nous pouvons citer à nouveau De Quincey : « Christian Rose-Croix, de noble descendance, ayant appris au cours de ses voyages en Orient et en Afrique de grands mystères des Arabes, des Chaldéens, etc., à son retour en Allemagne, établit, dans un endroit non mentionné, une société secrète composée d'abord de quatre, puis de huit membres, qui demeuraient ensemble dans un bâtiment appelé la Maison du Saint-Esprit, érigé par lui : à ces personnes, sous un vœu de fidélité et de secret, il communiquait ses mystères. Après avoir été instruits , la société se dispersa agréablement vers sa destination, à l'exception de deux membres, qui restèrent alternativement auprès du fondateur. Les règles de l'ordre étaient les suivantes : — Les membres devaient guérir les malades sans frais ni récompense. Aucun membre ne doit porter un habit particulier, mais s'habiller à la mode du pays. Un certain jour de chaque année, tous les membres se réunissent dans la Maison du Saint-Esprit ou pour rendre compte de leur absence. Chaque membre doit nommer une personne possédant les qualifications requises pour lui succéder à son propre décès. Le mot Rosy-Croix sera leur sceau, mot d'ordre et marque caractéristique. L'association restera secrète pendant cent ans. Christian Rose-Croix est mort à l'âge de cent ans. Sa mort était connue de la Société, mais pas sa tombe ; car c'était une maxime des premiers rosicruciens de cacher leurs lieux de sépulture même les uns aux autres. De nouveaux maîtres étaient continuellement élus dans la Maison du Saint-Esprit, et la Société durait maintenant 120 ans. A la fin de cette période, on découvrit une porte dans la maison, et à l'ouverture de cette porte un caveau sépulcral. Sur la porte se trouvait cette inscription : Dans cent vingt ans j'ouvrirai (*Post CXX. annos patebo*). La voûte était un heptagone. Chaque côté mesurait cinq pieds de large et huit pieds de haut. Elle était éclairée par un soleil artificiel . Au centre était placé, à la place d'une pierre tombale , un autel circulaire avec une petite plaque d'airain, sur laquelle étaient inscrits ces mots : Cette tombe, résumé du monde entier, je me suis fait de mon vivant (ACRC Hoc Universi). compendium vivus mihi sepulchrum feci). À propos de la marge se trouvait : Pour moi, Jésus est tout en tout (Jesus mihi omnia). Au centre se trouvaient quatre personnages entourés d'un cercle par la légende tournante : Nequaquam vide legis jugum. Libertas Evangelii. Dei gloria intacta. (Le joug vide de la loi est rendu nul. La liberté de l'Évangile. La gloire intacte de Dieu). Chacun des sept côtés de la voûte avait une porte ouvrant sur un coffre ; ce coffre, outre les livres secrets de l'ordre et le *Vocabulaire* de Paracelse, contenait aussi des miroirs, des petites cloches, des lampes allumées, de merveilleux mécanismes de musique, etc., tous si artificiels qu'après plusieurs siècles, si l'ordre tout entier aurait dû périr, on pourrait la rétablir au moyen de ce caveau. Sous l'autel, en soulevant la tablette d'airain, les frères trouvèrent le corps de Rose-Croix, sans souillure ni corruption. La main droite tenait un livre écrit sur vélin avec des lettres d'or : ce livre qui s'appelle T., est devenu depuis le joyau le plus précieux de la société après la Bible ; et au bout de la tribune on inscrivait les noms des huit frères, disposés en deux cercles séparés, qui assistaient à la mort et à l'enterrement du Père Rose-Croix. Immédiatement après le récit ci-dessus suit une déclaration de leurs mystères, adressée par la société au monde entier. Ils se déclarent de foi protestante ; qu'ils honorent l'Empereur et les lois de l'Empire ; et que l'art de fabriquer de l'or n'est qu'un mince objet chez eux. Le tout se termine par ces mots : « Notre Maison du Saint-Esprit, bien que cent mille hommes auraient dû la contempler, est pourtant destinée à rester intacte, imperturbable, hors de vue et non révélée au monde impie tout entier pour toujours. »

Avant de passer en revue en détail le troisième des livres que nous avons mentionnés, nous nous tournerons vers quelques récits supplémentaires sur le lieu de sépulture du fondateur de ce parti, qui, bien que similaires à certains égards et énonçant dans l'ensemble les mêmes faits. , cependant, fournissent d'autres choses à la fois curieuses et intéressantes.

L'histoire suivante a été citée par un écrivain sur les Rosicruciens, telle que racontée par le Dr Plot dans son Histoire du Staffordshire ; Un examen attentif des quatre exemplaires de cet ouvrage conservés dans la bibliothèque du British Museum n'a cependant pas permis de découvrir l'histoire ; c'est à l'effet suivant. À la fin d'une journée d'été, un compatriote creusait une tranchée dans un champ dans une vallée entourée de masses denses de paysages boisés. C'était peu après le coucher du soleil, et l'ouvrier fatigué de sa tâche était sur le point de cesser son travail ; Cependant, avant que sa pioche n'ait donné son dernier coup, elle frappa un matériau dur un peu en dessous de la surface du sol avec suffisamment de force pour faire jaillir une étincelle brillante dans l'obscurité du soir. Ceci, excitant sa curiosité, il oublia sa fatigue et reprit ses fouilles, impatient de savoir ce qu'il avait découvert. La pierre qu'il avait trouvée était grande et plate, et se trouvait presque au milieu d'un champ, à une distance considérable de toutes les fermes du pays voisin. Il était recouvert d'herbe et de mauvaises herbes, cultivées depuis de nombreuses années et avait un grand anneau de fer fixé à une extrémité dans une douille. Pendant quelque temps, cela s'est avéré trop pour les forces du compatriote , une demi-heure de lutte avec lui n'a pas réussi à le faire sortir de sa position, et ce n'est que lorsqu'il a installé un agrès à l'aide d'une corde et d'un arbre qu'il a réussi à le faire. lève-le. Il découvrit alors qu'il couvrait un profond creux dans le sol, où, après quelques examens, il découvrit un escalier en pierre d'une profondeur apparemment extraordinaire. Sa curiosité de savoir où menaient les marches, et la pensée qu'il pourrait être le découvreur de quelque trésor caché, lui donnèrent plus de courage qu'il n'en possédait naturellement, et il descendit quelques escaliers puis, après avoir vainement tenté de pénétrer dans l'escalier. l'obscurité en dessous, s'arrêta et leva les yeux vers le ciel au-dessus. Encouragé par les restes de lumière solaire et par la brillante planète Vénus au-dessus de lui, il reprit sa descente. Il descendit, supposa-t-il, à cent pieds sous terre, lorsqu'il tomba sur un palier carré avec une niche dans le mur, puis il arriva à un autre long escalier, qui descendait toujours dans l'obscurité. Une fois de plus, il s'arrêta et leva les yeux vers le tout petit bout de ciel visible au-dessus de sa tête. Ne voyant rien qui puisse causer de la crainte, et espérant pouvoir bientôt percer le mystère, il étendit les mains, et en tâtant soigneusement les murs, et avec la même prudence posant ses pieds lentement et fermement sur chaque marche, il s'avança hardiment et il comptait dans sa descente deux cent vingt pas. Il se retrouva capable de respirer assez librement , mais remarqua une odeur aromatique semblable à celle de l'encens brûlé, qu'il pensait égyptienne. Il remarqua cela rouler de temps à autre, comme s'il venait d'un autre monde, et il lui vint à l'esprit que cela venait du monde des gnomes miniers et qu'il pénétrait dans leurs secrets. Malgré toutes ses craintes, il continua son chemin jusqu'à ce qu'il soit momentanément arrêté par un mur devant lui ; Cependant, tournant brusquement à droite, il trouva le chemin ouvert et découvrit un escalier encore plus profond, au pied duquel était une lumière fixe, quoique pâle. Son inquiétude en découvrant la lumière si loin dans l'intérieur de la terre était naturellement grande, mais pas assez grande pour vaincre sa curiosité et le faire revenir sur ses pas, et il se remit à descendre les vieilles marches moisies qui semblaient n'avoir pas été construites. foulé depuis des lustres. Puis il crut entendre des grondements mystérieux au-dessus de sa tête , comme le bruit de lourds chariots et de chevaux, puis tout redevint calme. Plusieurs fois, il s'arrêtait et pensait qu'il reviendrait, pensant qu'il aurait pu tomber par hasard soit sur le repaire des voleurs, soit sur la demeure des mauvais esprits ; il resta immobile un moment , assez paralysé par la peur. Puis il commença à se rappeler où il avait travaillé, il pensa au champ au-dessus, aux bois environnants et à son hameau natal situé à quelques kilomètres seulement. Cela le réconforta quelque peu, mais toujours avec beaucoup de peur dans son cœur, il descendit le reste des escaliers, la lumière devenant plus brillante à chaque pas. Enfin, il tomba sur une chambre carrée, bâtie avec de grosses pierres anciennes taillées. Rempli de crainte et d'émerveillement, il trouva un trottoir dallé et un toit élevé s'élevant vers un centre, aux aines duquel se trouvait une rose magnifiquement sculptée dans une pierre sombre ou dans du marbre. L'inquiétude qu'il avait éprouvée jusqu'alors n'était rien comparée à la peur qui l'envahit lorsque, après avoir franchi un portail gothique en pierre, une lumière jaillit soudain sur lui avec un éclat égal à celui du soleil couchant et lui révéla la figure d'un homme. homme au visage caché, assis dans une attitude studieuse sur une chaise de pierre, lisant un grand livre, les coudes appuyés sur une table semblable à un autel rectangulaire, à la lumière d'une grande et ancienne lampe en fer, suspendue par une épaisse chaîne jusqu'au milieu du toit. L'aventurier compatriote ne put réprimer le cri qui lui monta aux lèvres en contemplant cette scène étrange et inattendue. Alors que le bruit de son pied touchant le sol résonnait dans la pièce, la silhouette se redressa brusquement de sa position assise, comme si elle était terriblement étonnée. Il releva sa tête encapuchonnée et parut interroger l'intrus avec colère. Ce dernier semblait parfaitement fasciné par ce qu'il voyait et, au lieu de se retirer, avança encore un pas dans la chambre. Instantanément, la silhouette tendit le bras, comme pour avertir l'intrus ; la main contenait un *bâton de fer* et elle était levée dans l'attitude la plus menaçante, mais le malheureux explorateur, apparemment incapable de se contrôler, fit un troisième pas en avant, puis l'image ou l'homme leva son bras au-dessus de sa tête, et avec son la matraque frappant la lampe d'un coup terrible laissa l'endroit dans l'obscurité la plus totale. Il ne s'ensuivit plus qu'un long et sourd roulement de tonnerre, qui s'éteignit peu à peu et tout fut calme.

L'endroit fut ensuite connu comme le lieu de sépulture d'un membre de la confrérie, que les gens appelaient Rosicrucius, et on dit que la disposition de la lampe avait été faite par un rosicrucien, pour montrer qu'il avait découvert le secret des lampes toujours allumées. des anciens, mais il fut résolu que personne n'en profiterait.

Le Spectator, n° 379 , donne ce qui suit : « Une certaine personne ayant eu l'occasion de creuser un peu profondément dans le sol, où reposait ce philosophe (Rosicrucius), rencontra une petite porte, ayant un mur de chaque côté. Sa curiosité et l'espoir de trouver un trésor caché le poussèrent bientôt à forcer la porte. Il fut immédiatement surpris par un soudain éclat de lumière et découvrit une voûte très belle. A l'extrémité supérieure se trouvait la statue d'un homme en armure, assis près d'une table et appuyé sur son bras gauche. Il tenait une matraque dans sa main droite et une lampe allumée devant lui.

L'homme n'eut pas plus tôt mis un pied dans la voûte, que la statue, se redressant de sa position penchée, se redressa brusquement ; et lorsque l'homme fit un autre pas, il leva sa matraque dans sa main droite. L'homme osa encore faire un troisième pas, lorsque la statue, d'un coup furieux, brisa la lampe en mille morceaux, et laissa son hôte dans une obscurité soudaine. Au récit de cette aventure, les gens du pays vinrent avec des lumières au sépulcre, et découvrirent que la statue, qui était en laiton, n'était qu'une pièce d'horlogerie ; que le plancher de la voûte était entièrement meuble et soutenu par plusieurs ressorts qui, dès que quelqu'un y pénétrait, produisaient naturellement ce qui était arrivé. Rosicrucius, disent ses disciples, a utilisé cette méthode pour montrer au monde qu'il avait réinventé les lampes toujours allumées des anciens, bien qu'il soit résolu à ce que personne ne tire aucun avantage de cette découverte.

Concernant l'histoire ci-dessus donnée comme nous l'avons dit dans le Spectator, n° 379, un auteur de Notes and Queries (6e S. 7e vol) dit : « C'est un très vieux conte, et a été imprimé maintes et maintes fois. Ce qui suit est une première version, imprimée par Caxton en 1482 ; mais je donne l'édition imprimée par Peter de Treveris en 1527. Le Polycronicon a été écrit à l'origine en latin au début du XIVe siècle et traduit en anglais en 1357 . Comme le livre est principalement une compilation d'anciennes chroniques monacales, le conte était probablement très ancien même lorsque Higden l'a inclus dans le Polycronicon. En tout cas, elle était d'actualité bien avant la date donnée comme étant l'année de la mort du quelque peu mythique Christian Rosencrutz. J'en ai rencontré plusieurs versions, plus ou moins variées. Dans l'une d'elles, un homme armé d'un arc et d'une flèche éteint la lampe. Il existe de nombreux récits de ces lampes miraculeuses découvertes brûlant dans les tombes des centaines d'années après l'inhumation, mais ayant omis d'en prendre note, je ne suis pas en mesure de donner des références pour le moment . étoles pour les Empereurs. Il y avait aussi un bougeoir, fait d'une pierre qui soulevait Albestone lorsqu'il était en position et allumait un feu et je mets sans toi le coude sans l'éteindre sans aucun art que les hommes coudent devyse, ꝓR. De cette manière il se pourrait que le Géant Pallas vers l'année de notre Seigneur mille et xi. C'est ici qu'a été trouvé à Rome un corps de Géante enterré troué et sain, l'espace de sa blessure était de quatre pieds et demi de long, la longueur de son corps dépassait la hauteur des murs, à son endroit a été trouvée une lanterne qui brillait toujours qui ne l'homme pouvait éteindre avec de l'eau avec de l'eau avec d'autres engins, au point qu'il y avait un trou sous la lumière en dessous pour que l'ayer puisse entrer. Les hommes disent que Turnus a ralenti Gean Pallas quand Eneas s'est battu pour Lanina qui était la femme d'Eneas. Ce Géantes Epytaphium, c'est ça. Le ironique de la mynde de l'hymne qui gisait là était celui-ci. Pallas

Enandres sone repose ici, hymne Turnus le chevalier avec sa sphère lente dans sa manière.

Un autre avis clôturera cette partie du sujet.

Bien que nous trouvions dans les travaux de certains apologistes des Rose-Croix des déclarations extraordinaires quant à la durée de vie qu'ils étaient en mesure d'atteindre (John Higden prétend montrer comment un homme peut vivre deux cents ans) et bien que certains des La fraternité a effectivement vécu un grand nombre d'années, nous les voyons enfin mourir un à un, malgré leur pouvoir déclaré de se prémunir contre la maladie ou de la soulager. Le fondateur lui-même semble avoir atteint l'âge assez avancé de cent six ans (certains disent cent). Il mourut ensuite , et selon les *Fama,* le lieu de sa sépulture resta secret pour tous sauf les deux frères qui étaient avec lui, et eux, selon l'accord auquel ils s'étaient liés, portèrent le mystère avec eux dans la tombe. . La société continua d'exister, inconnue du monde, et toujours composée de huit membres, jusqu'à ce que cent vingt ans se soient écoulés, lorsque, selon une tradition parmi eux, la tombe de Rosenkrutz devait être découverte et la confrérie de ne soit plus un mystère pour le monde. C'est vers cette époque que les frères commencèrent à apporter quelques modifications à leur bâtiment et pensèrent à déplacer dans un autre endroit plus approprié la plaque commémorative sur laquelle étaient inscrits les noms des associés. La plaque, qui était en laiton, était fixée au mur au moyen d'un clou en son centre, et elle tenait si fermement, qu'en l'arrachant une partie du plâtre se détacha aussi et leur découvrit une porte cachée. Alors que cette porte était encore plus nettoyée de l'incrustation, il apparut au-dessus en grosses lettres

Post CXX Annos Patebo.

Grande était leur joie devant une découverte si inattendue ; mais ils retinrent tellement leur curiosité qu'ils n'ouvrirent la porte que le lendemain matin, lorsqu'ils se trouvèrent dans une voûte à sept pans, chaque côté large de cinq pieds et haut de huit pieds. Elle était éclairée par un soleil artificiel au centre du toit voûté, tandis qu'au milieu du sol, à la place d'un tombeau, se dressait un autel rond recouvert d'une petite plaque de laiton sur laquelle était cette inscription :

ACRC Hoc, universi compendium, vivus mihi
sepulchrum feci.

Sur le bord extérieur se trouvait Jésus mihi omnia.

Au centre se trouvaient quatre personnages ; chacun enfermé dans un cercle, avec ces circonscriptions :

1. Nequaquam Aspirateur.
2. Legis Jugum.3. Libertas Evangelii.4. Dei gloria intacta.

Alors ils s'agenouillèrent tous et remercièrent le ciel de les avoir rendus tellement plus sages que le reste du monde, trait indigène qui n'ajoute pas peu à la vraisemblance de l'histoire. Puis ils divisèrent la voûte en trois parties : le toit, ou ciel, le mur, ou les côtés, et le sol, ou trottoir. Le premier et le dernier étaient selon les sept côtés divisés en triangles, tandis que chaque côté était divisé en dix carrés avec des figures et des phrases, à expliquer aux nouveaux initiés. Chacun d'eux avait encore une porte ouvrant sur un placard, où étaient emmagasinés divers objets rares, tels que des livres secrets de l'ordre, le vocabulaire de Paracelse, et d'autres choses de même nature, qu'il était permis de communiquer même à au profane. Dans l'une, ils ont découvert la vie et l'itinéraire de leur fondateur ; dans une autre, ils aperçurent des miroirs possédant des qualités différentes, une petite cloche, des lampes allumées et une variété de choses curieuses, destinées à aider à reconstruire l'ordre qui, après plusieurs siècles, devait tomber en décadence. La curiosité de voir leur fondateur les poussa à écarter l'autel, lorsqu'ils tombèrent sur une solide plaque d'airain, et celle-ci étant également retirée ,

« Devant leurs yeux, le sorcier gisait
comme s'il n'était pas mort depuis un jour. »

Moreover, comme le célèbre personnage décrit dans ces lignes, il avait sous le bras un volume qui se révélait être en vélin avec des lettres d'or, et au bout, dans deux cercles séparés, étaient les noms de huit frères qui avaient aidé à l'inhumation de leur fondateur. À côté de la Bible, les Rose-Croix accordaient à ce livre une valeur supérieure à toute partie de leur héritage, mais il n'est pas dit s'ils ont emporté l'une de ces raretés ou s'ils ont laissé le mort en possession tranquille de ses trésors. [4]

CHAPITRE IV.

La renommée et la confession de la Fraternité.

NOUS allons maintenant attirer l'attention de nos lecteurs sur le troisième des livres dont nous avons parlé comme publié simultanément vers 1610, « dont il est important, dit de Quincey, d'examiner la substance, car ils sont d'une manière très étrange. manière, a conduit à la fondation de l'ordre rosicrucien en tant que corps distinct. Le troisième livre est la *Confessio Fraternitatis* , que nous présentons presque dans son intégralité.

La Renommée et la Confession de la Fraternité de R :C:Communauté , de la Rosie Cross.

L'ÉPÎTRE AU LECTEUR : — Au lecteur sage et compréhensif.

La sagesse (dit Salomon) est pour un homme un trésor infini car elle est le souffle de la puissance de Dieu et une pure influence qui découle de la gloire du Tout-Puissant ; elle est l'éclat de la lumière éternelle, un miroir immaculé de la majesté de Dieu et une image de sa bonté ; elle nous enseigne la sobriété et la prudence, la justice et la force ; elle comprend la subtilité des mots et la solution des phrases sombres ; elle connaît d'avance les signes et les prodiges, et ce qui arrivera dans le temps à venir ; de ce Trésor fut notre premier Père Adam pleinement doté : c'est pourquoi il apparaît qu'après que Dieu eut amené devant lui toutes les créatures des champs et les oiseaux sous le ciel, il donna à chacun d'eux son nom propre, selon son nature.

Bien que maintenant, à cause de la douloureuse chute dans le péché, cet excellent joyau de sagesse ait été perdu et que les ténèbres et l'ignorance soient entrées dans le monde, néanmoins, malgré cela, le Seigneur Dieu a parfois accordé et rendu manifeste la même chose à certains de ses amis. : car le sage roi Salomon témoigne de lui-même, qu'après une prière et un désir fervents, il a obtenu et obtenu une telle sagesse de Dieu, qu'ainsi il savait comment le monde a été créé, ainsi il a compris la nature des éléments, ainsi que le temps, le début, le milieu et la fin, l'augmentation et la diminution, le changement des temps tout au long de l'année et l'ordonnance des étoiles ; il comprenait aussi les propriétés des bêtes domestiques et sauvages, la cause de la rage des vents, et les esprits et intentions des hommes, toutes sortes et natures de plantes, les vertus des racines et autres, ne lui étaient pas inconnues. Or, je ne pense pas qu'il puisse y avoir quelqu'un qui ne souhaite pas et ne désire pas de tout son cœur participer à ce noble trésor ; mais voyant que la même félicité ne peut arriver à personne, à moins que Dieu lui-même ne donne la Sagesse et n'envoie son Saint-Esprit d'en haut, nous avons donc imprimé ce petit Traité, à savoir, Famam et Confessionem, de la Louable Fraternité de la Rosie Cross, à lire par tout le monde, car ils montrent et découvrent clairement ce que le monde peut en attendre.

Bien que ces choses puissent paraître quelque peu étranges, et que beaucoup puissent considérer qu'il ne s'agit que d'un spectacle philosophique, et non d'une véritable histoire, qui est publiée et parlée de la Fraternité de la Rosie-Croix ; il apparaîtra ici suffisamment par notre confession qu'il y a plus *de nécessité* qu'on ne peut l'imaginer ; et il sera facile de comprendre et d'observer par chacun (s'il n'est pas tout à fait dépourvu de compréhension) ce que l'on entend par là aujourd'hui et à ces moments-là.

Ceux qui sont de vrais disciples de la sagesse et de vrais adeptes de l'art sphérique considéreront mieux ces choses et les auront dans une plus grande estime, et en jugeront également de manière bien différente, comme cela a été fait par certaines personnes principales, mais surtout par Adam. Haselmeyer, Notarius Publicus à l'archiduc Maximilien, qui a également fait un extrait ex scriptis Theologicis Theophrasti, et écrit un traité sous le titre de jésuite, dans lequel il veut que tout chrétien soit un vrai jésuite, c'est-à-dire qu'il marche, vivez, soyez et restez en Jésus. Il ne fut que mal récompensé des Jésuites, parce que dans sa Réponse écrite sur le *Famam* , il nomma ceux de la Fraternité de la Rosie-Croix, les hommes très éclairés et les Jésuites non trompeurs ; car ils n'ont pas pu supporter cela, ont mis la main sur lui et l'ont mis dans les Calleis, pour lequel ils doivent également attendre leur récompense.

La bienheureuse Aurore va désormais commencer à apparaître, qui (après la disparition de la nuit sombre de Saturne) avec son éclat éteint complètement l'éclat de la Lune, ou les petites étincelles de la sagesse céleste, qui restent encore avec les hommes, et est un Précurseur de l'agréable Phébus, qui avec ses rayons clairs et ardents scintillants fait naître ce jour béni tant souhaité par de nombreux cœurs sincères ; par lequel la lumière du jour sera alors véritablement connue et tous les trésors célestes de la sagesse divine seront vus, ainsi que les secrets de toutes les choses cachées et invisibles dans le monde selon la doctrine de nos ancêtres et anciens sages.

Ce sera le véritable rubis royal et l'escarboucle brillant le plus excellent, dont il est dit qu'il brille et donne de la lumière dans les ténèbres, et qu'il est un remède parfait pour tous les corps imparfaits et qu'il les change en le meilleur or. , et pour guérir toutes les maladies des hommes, les soulageant de toutes les douleurs et misères.

Soyez donc, doux lecteur, averti, qu'avec moi vous priez sincèrement Dieu, qu'il lui plaise d'ouvrir le cœur et les oreilles de tous les malentendants, et de leur accorder sa bénédiction, afin qu'ils puissent connaître lui dans sa toute-puissance, avec une contemplation admirative de la nature, à son honneur et à ses louanges, à l'amour, à l'aide, au réconfort et au renforcement de nos voisins, et à la guérison des malades.

Fama Fraternitatis ,
Ou, Une découverte de la Fraternité du plus louable Ordre de la Rose-
Croix.

En voyant que le seul Dieu Sage et Miséricordieux dans ces derniers jours a répandu si richement sa miséricorde et sa bonté envers l'humanité, par laquelle nous atteignons de plus en plus la connaissance parfaite de son Fils Jésus-Christ et de la Nature, afin que nous puissions à juste titre nous vanter de l'heureux temps, où non seulement nous a découvert la moitié du monde, qui était jusqu'alors inconnue et cachée, mais il nous a également manifesté de nombreuses œuvres et créatures de la nature merveilleuses et jamais vues jusqu'ici, et en outre a élevé les hommes imprégné d'une grande sagesse, qui pourrait en partie renouveler et réduire à la perfection tous les arts (dans notre époque tachetée et imparfaite) ; afin que l'homme puisse enfin comprendre sa propre noblesse et sa valeur, pourquoi il est appelé Microcosme et jusqu'où sa connaissance s'étend dans la nature.

Bien que le monde grossier ne soit que peu content, il en sourira et se moquera plutôt ; aussi l'orgueil et la convoitise des savants sont si grands qu'ils ne permettent pas qu'ils s'entendent ; mais s'ils étaient unis, ils pourraient, à partir de toutes ces choses que Dieu nous accorde si richement dans notre époque, recueillir *le Librum Naturæ* , ou une méthode parfaite de tous les arts ; mais telle est leur opposition, qu'ils gardent encore et sont réticents à abandonner l'ancienne voie, estimant Porphire, Aristote et Galien, et même ce qui a une simple apparence de savoir, plus que la Lumière et la Vérité claires et manifestées, qui si ils vivaient maintenant et abandonneraient avec beaucoup de joie leurs doctrines erronées. Mais il y a ici une trop grande faiblesse pour un si grand ouvrage, et bien qu'en théologie, en physique et en mathématiques, la vérité s'oppose à elle-même, néanmoins le vieil ennemi, par sa subtilité et son habileté, se montre en entravant tout bon dessein par ses instruments et des gens controversés et hésitants. Dans une telle intention de Réforme générale, le Père le plus pieux et le plus illuminé, notre Frère CR, un Allemand, le chef et l'original de notre Fraternité, a travaillé beaucoup et longtemps, qui, en raison de sa pauvreté (bien qu'il descende de Nobles Parents) dans la cinquième année de son âge, fut placé dans un Cloyster, où il avait appris indifféremment les langues grecques et latines, qui (sur son désir et sa demande sincères), étant encore dans ses années de croissance, fut associé à un frère. PAL, qui avait décidé d'aller en Terre Sainte.

Bien que ce frère soit mort à Chypre et ne soit jamais venu à Jérusalem, notre frère CR n'est pas revenu, mais il s'est embarqué et est allé à Damasco, dans l'intention d'aller de là à Jérusalem ; mais à cause de la faiblesse de son corps, il resta là, et grâce à son habileté en médecine, il obtint beaucoup de faveur auprès des Turcs. Entre-temps, il fit par hasard la connaissance des sages de Damasco en Arabie, et vit quelles grandes merveilles ils accomplissaient et comment la nature leur était découverte ; C'est ainsi que le noble et noble esprit du frère CR fut si éveillé que Jérusalem n'était plus tant dans son esprit que Damasco ; il ne put non plus contenir ses désirs plus longtemps, mais il conclut un marché avec les Arabes pour qu'ils le transportent à Damasco contre une certaine somme d'argent.

Comme nous avons exposé sur une autre page tous ces détails sous l'autorité de l'épître dédicatoire aux Axiomes, nous devons simplement y faire allusion tels qu'ils sont consignés dans l'ouvrage que nous citons maintenant. Le récit se déroule à peu près comme indiqué dans les Axiomata de John Heydon, puis après avoir déclaré que la Fraternité a commencé avec une association de quatre personnes seulement, le Fama dit que trouvant leur travail trop lourd, ils ont décidé d'en attirer et d'en recevoir encore d'autres dans leur Fraternité. . A cet effet fut choisi le frère RC, le fils du frère de son père décédé, le frère B., un habile peintre, G. et PD leur secrétaire, tous allemands sauf JA, donc en tout ils étaient au nombre de huit, tous célibataires et de bonne virginité ; par eux a été rassemblé un livre ou un volume de tout ce que l'homme peut désirer, souhaiter ou espérer.

Bien que nous admettions maintenant librement que le monde s'est considérablement modifié en cent ans, nous sommes néanmoins assurés que nos axiomes resteront immobiles jusqu'à la fin du monde, et que le monde dans son âge le plus élevé et le dernier ne parviendra pas à voir autre chose ; car notre Rota commence à partir du jour où Dieu a dit Fiat, et se terminera quand il parlera Pereat ; pourtant l'horloge de Dieu sonne à chaque minute, là où la nôtre sonne à peine les heures parfaites. Nous croyons aussi fermement que si nos frères et nos pères avaient vécu dans notre lumière actuelle et claire, ils auraient traité plus durement le pape, Mahomet, les scribes, les artistes et les sophistes, et se seraient montrés plus utiles, pas seulement avec des soupirs. , et souhaitant leur fin et leur consommation.

Lorsque maintenant ces huit frères eurent disposé et ordonné toutes choses de telle manière qu'il n'y avait plus besoin d'aucun grand travail, et que chacun était également suffisamment instruit et capable de parler parfaitement de philosophie secrète et manifeste, ils ne resteraient pas. plus ensemble, mais comme ils en étaient convenus au début, ils se séparèrent en plusieurs pays, parce que non seulement leurs axiomes pouvaient en secret être examinés plus profondément par les savants, mais qu'eux-mêmes, s'ils observaient dans quelque pays ou autre, quelque chose ou percevant quelque erreur, ils pourraient s'en informer mutuellement.

Leur accord était le suivant : 1 ° Qu'aucun d'eux ne devait professer autre chose que de guérir les malades, et cela gratuitement. 2. Aucun membre de la postérité ne doit être contraint de porter un certain genre d'habit, mais de suivre en cela la coutume du pays. 3. Que chaque année, le jour C., ils se réunissent à la maison S. Spiritus, ou écrivent la cause de son absence. 4. Chaque Frère doit chercher autour de lui une personne digne qui, après son décès, puisse lui succéder. 5 , Le mot CR doit être leur sceau, leur marque et leur caractère. 6 , La Fraternité doit rester secrète cent ans. Ces six articles, ils s'engageaient les uns les autres à les conserver ; et cinq des frères sont partis, seuls les frères B. et D. sont restés avec le Père Fra. R. C. une année entière ; quand ceux-ci partirent également, il resta alors auprès de lui son cousin et frère JO, de sorte qu'il a tous les jours de sa vie avec lui deux de ses frères. Et même si l'Église n'était pas encore purifiée, nous savons néanmoins qu'ils pensaient à elle et qu'ils recherchaient avec un désir ardent. Chaque année, ils se réunissaient avec joie et prenaient une résolution complète de ce qu'ils avaient fait ; il a certainement dû y avoir un grand plaisir à entendre raconter et répéter avec vérité et sans invention toutes les merveilles que Dieu a répandues ici et là à travers le monde. Chacun peut tenir pour certain que les personnes envoyées et réunies par Dieu et les cieux, et choisies parmi les hommes les plus sages qui ont vécu pendant de nombreux âges, ont vécu ensemble entre tous dans la plus haute unité, le plus grand secret et la plus grande gentillesse les uns envers les autres.

Après une vie aussi louable, ils passèrent leur vie ; et bien qu'ils fussent exempts de toute maladie et de toute douleur, ils ne pouvaient néanmoins pas vivre et passer le temps que Dieu leur avait fixé. Le premier de cette Fraternité qui mourut, et celle d'Angleterre, fut JO, comme le frère C. l'avait prédit depuis longtemps ; il était très expert et bien instruit en Cabale, comme en témoigne son livre intitulé H.. En Angleterre, on parle beaucoup de lui, et principalement parce qu'il a guéri de la lèpre un jeune comte de Norfolk. Ils avaient conclu que, dans la mesure du possible, leur lieu de sépulture devait être gardé secret, car à ce jour, nous ne savons pas ce qu'il est advenu de certains d'entre eux, mais la place de chacun a été dotée d'un successeur approprié ; mais nous confesserons publiquement par ces présents à l'honneur de Dieu que quel que soit le secret que nous avons appris du livre M. (bien que sous nos yeux nous contemplions l'image et le modèle du monde entier), il ne nous est pas encore montré. nous nos malheurs, ni l'heure de la mort, qui n'est connue que de Dieu lui-même, qui voudrait ainsi que nous soyons continuellement prêts ; mais nous en parlerons davantage dans notre Confession, où nous exposons 37 raisons pour lesquelles nous faisons maintenant connaître notre Fraternité et offrons de si hauts mystères librement, et sans contrainte ni récompense : nous promettons également plus d'or que les deux Indes n'en apportent au roi. d'Espagne; car l'Europe est enceinte et elle enfantera un enfant fort, qui aura besoin d'un grand cadeau de parrain.

Après la mort de IO, frère RC ne s'est pas reposé, mais dès qu'il a pu, il a réuni les autres (et comme nous le supposons), sa tombe a ensuite été faite, bien que jusqu'à présent nous (qui étions les derniers) ne savions pas quand notre père bien-aimé RC est mort. , et n'avait plus que les noms nus des débutants et de tous leurs successeurs ; pourtant, il est entré dans notre mémoire un secret qui, à travers des paroles sombres et cachées et des discours des 100 ans, le frère A., le successeur de D. (qui était l'un des derniers et deuxièmes rangs et succession, et avait vécu parmi beaucoup d'entre nous)) nous a transmis le troisième rang et la succession ; autrement nous devons avouer qu'après la mort dudit A. aucun de nous n'avait en aucune manière rien connu du frère RC et de ses premiers confrères, que ce qui existait d'eux dans notre Bibliotheca philosophique, parmi lesquels notre Axiomata était réservé à la Rota Mundi la plus importante, à la plus artificielle, et à Protheus la plus rentable. De même, nous ne savons pas avec certitude si ceux du deuxième rang ont été de la même sagesse que les premiers, et s'ils ont été admis à toutes choses. Il sera déclaré ci-après au doux lecteur non seulement ce que nous avons entendu parler de l'enterrement du RC, mais aussi rendu public par la prévoyance, la tolérance et le commandement de Dieu, à qui nous obéissons le plus fidèlement, que si nous recevons une réponse discrète et comme chrétiens, nous n'aurons pas peur d'exposer publiquement dans la presse nos noms et prénoms, nos réunions ou tout ce qui pourrait nous être demandé.

Maintenant, la relation vraie et fondamentale de la découverte de l'homme de Dieu hautement illuminé, Fra: CR, est la suivante : après cela A. en Gallia Narbonensi est décédé, puis a succédé à sa place notre bien-aimé frère NN. Cet homme après s'être rendu chez nous pour prêter le serment solennel de fidélité et de secret, il nous a informés *de bonne foi* , que A. l'avait réconforté dans lui disant que cette Fraternité ne devrait pas rester si cachée sous peu, mais qu'elle devrait être pour toute la nation allemande, utile, nécessaire et louable ; dont il n'avait aucunement honte dans sa succession. L'année suivante, après avoir bien terminé ses études et qu'il envisageait maintenant de voyager, étant suffisamment pourvu de la bourse Fortunatus, il pensa (étant un bon architecte) modifier quelque chose à son bâtiment et le rendre plus adapté. ; Dans ce renouvellement, il tomba sur la table commémorative qui était en fonte d'airain et qui contient tous les noms des frères, avec quelques autres choses. Il le transférerait dans un autre caveau plus approprié, car l'endroit et le moment où Fra: RC mourut, ou dans quel pays il fut enterré , étaient cachés par nos prédécesseurs et nous étaient inconnus. Dans cette table était planté un gros clou, assez fort, de sorte que lorsqu'il fut arraché avec force, il emporta avec lui une grosse pierre indifférente du mince mur ou du plâtre de la porte cachée, et ainsi découvrit la porte inopinément ; c'est pourquoi nous avons abattu avec joie et désir le reste du mur et dégagé la porte sur laquelle il était écrit en grosses lettres, Post 120 annos patebo, avec l'année du Seigneur en dessous. C'est pourquoi nous avons rendu grâce à Dieu et l'avons laissé reposez-vous cette même nuit, car d'abord nous négligerions notre Rotam ; mais nous nous référons encore une fois à la confession, car ce que nous publions ici est fait pour aider ceux qui en sont dignes, mais pour les indignes (si Dieu le veut), cela ne rapportera que peu, car comme l'était notre porte après tant d'années. merveilleusement découverte, une porte vers l'Europe s'ouvrira également (lorsque le mur sera enlevé) qui commence déjà à apparaître et est attendue avec un grand désir de la part de beaucoup.

Le lendemain matin, nous ouvrîmes la porte, et il apparut à notre vue une voûte de sept côtés et angles, chaque côté large de cinq pieds et haut de huit pieds. Bien que le Soleil n'ait jamais brillé dans cette Voûte, elle était néanmoins éclairée par un autre Soleil, qui avait appris cela du Soleil, et était situé dans la partie supérieure au centre du plafond ; au milieu, au lieu d'une pierre tombale, se trouvait un autel rond recouvert d'une plaque d'airain.

Autour du premier cercle ou bord se tenait Jésus mihi omnia. Nous nous sommes tous agenouillés et avons rendu grâce au Dieu seul sage, seul puissant et seul éternel, qui nous a appris plus que tout l'esprit de tous les hommes n'aurait pu découvrir, loué soit son saint nom. Cette Voûte nous l'avons divisée en trois parties, la partie supérieure un plafond, le mur un côté, le sol un étage.

De la partie supérieure, vous n'en comprendrez plus à ce moment-là, mais qu'elle était divisée selon les sept côtés du triangle, qui était au centre clair ; mais ce qui y est contenu, vous le verrez, si Dieu le veut (ceux qui désirent notre société), le verrez de vos propres yeux ; mais chaque côté ou mur est divisé en dix carrés, chacun avec ses différentes figures et phrases, comme ils sont vraiment montrés et exposés ici dans notre livre Concentratum.

Le bas est à nouveau divisé en triangle, mais comme c'est là que sont décrits le pouvoir et le gouvernement des gouverneurs inférieurs, nous laissons manifester les mêmes, par crainte des abus du monde mauvais et impie. Mais ceux qui sont pourvus et stockés de l'Antidote céleste, ils le font sans crainte ni blessure, marchent et meurtrissent la tête du vieux et mauvais serpent, pour lequel notre époque est bien adaptée. Chaque côté ou mur avait une porte pour un coffre, dans lequel se trouvaient diverses choses, notamment tous nos livres, que nous avions autrement, outre le vocabulaire de Théoph. Par. Ho., et nous participons à ceux qui sont quotidiennement défalsifiés. Ici aussi nous trouvons son Itinerarium et Vitam, d'où cette relation est en grande partie tirée. Dans un autre coffre se trouvaient des miroirs de diverses vertus, ainsi qu'en d'autres endroits des clochettes, des lampes allumées et surtout de merveilleuses chansons artificielles ; en général, tout est fait dans le but que, si cela devait arriver après plusieurs centaines d'années, l'Ordre ou la Fraternité n'aboutirait à rien, ils pourraient être restaurés par ce caveau.

Comme nous n'avions pas encore vu le cadavre de notre père prudent et sage, nous avons donc retiré l'autel, là nous avons soulevé une solide plaque d'airain et avons trouvé un corps beau et digne, entier et non consommé.

Quant au Minutum Mundum, nous l'avons trouvé conservé dans un autre petit autel, vraiment plus beau que ne peut l'imaginer un homme intelligent ; mais nous le laisserons sans description jusqu'à ce que nous recevions vraiment une réponse à ce sujet, notre Famam au cœur sincère ; et ainsi nous l'avons recouvert de plaques, et avons posé l'autel dessus, fermé la porte et l'avons assuré avec tous nos sceaux ; en outre, par instruction et commandement de notre Rote, on a pu voir quelques livres, parmi lesquels se trouve M. (qui ont été fabriqués au lieu des soins ménagers par le louable MP). Finalement nous nous séparâmes les uns des autres, et laissâmes les héritiers naturels en possession de nos joyaux. Nous attendons donc la réponse et le jugement des savants ou des ignorants.

Cependant nous savons qu'après un certain temps il y aura maintenant une réforme générale, tant des choses divines que humaines, selon notre désir et l'attente des autres ; car il convient qu'avant le lever du soleil, apparaisse et éclate une aurore, ou une certaine clarté, ou une lumière divine dans le ciel ; et ainsi en attendant quelques-uns, qui donneront leurs noms, pourront s'unir, pour augmenter ainsi le nombre et le respect de notre Fraternité, et faire un début heureux et souhaité de nos Canons Philosophiques, qui nous sont prescrits par notre frère RC, et participez avec nous à nos trésors (qui ne peuvent jamais faillir ou être gaspillés) en toute humilité, et aimez être soulagés du travail de ce monde, et ne marchez pas si aveuglément dans la connaissance des œuvres merveilleuses de Dieu.

Mais aussi, afin que chaque chrétien sache de quelle religion et croyance nous sommes, nous confessons avoir la connaissance de Jésus-Christ (comme celle-là même maintenant, dans ces derniers jours, et principalement en Allemagne, la plus claire et la plus pure est professée et est aujourd'hui purifiée). et voyd de tous les gens déviés, hérétiques et faux prophètes), dans certains pays notés, maintenus, défendus et propagés ; nous utilisons également deux sacrements, car ils sont institués avec toutes les formes et cérémonies de la première Église renouvelée. Dans Politia, nous reconnaissons l'Empire romain et Quartam Monarchiam pour notre chef chrétien ; bien que nous sachions quelles modifications sont à portée de main, et que nous aimerions les transmettre de tout notre cœur à d'autres hommes instruits et pieux ; malgré notre écriture qui est entre nos mains, aucun homme (sauf Dieu seul) ne peut la rendre commune, ni aucune personne indigne ne peut nous en priver. Mais nous aiderons avec une aide secrète cette si bonne cause que Dieu nous permettra ou nous empêchera, car notre Dieu n'est pas aveugle comme la fortune des païens, mais il est l'ornement de l'Église et l'honneur du Temple. Notre philosophie n'est pas non plus une invention nouvelle, mais telle qu'Adam l'a reçue après sa chute, et telle que Moïse et Salomon l'ont utilisée ; elle ne devrait pas non plus être mise en doute ou contredite par d'autres opinions ou significations ; mais voir la vérité est paisible, brève et toujours semblable à elle en toutes choses, et surtout accordée à *Jésus in omni parte* et à tous les membres. Et comme il est la véritable image du Père, ainsi elle est son image ; on ne dira pas que cela est vrai selon la philosophie, mais vrai selon la théologie : et dans lequel Platon, Aristote, Pythagore et d'autres ont touché au but, et dans lequel Enoch, Abraham, Moïse, Salomon ont excellé ; mais c'est surtout ce avec quoi ce merveilleux livre que la Bible s'accorde. Tout cela concourt ensemble et forme un espace ou globe dont les parties totales sont équidistantes du centre, et dont il sera parlé plus largement et plus clairement dans la conférence chrétienne.

Mais maintenant concernant (et surtout à notre époque) la fabrication impie et maudite de l'or, qui a pris tellement le dessus, que sous couvert de cela, de nombreux runagats et gens espiègles utilisent de grandes méchancetés, et abusent du crédit. ce qui leur est donné ; oui, de nos jours, les hommes avisés considèrent la transmutation des métaux comme le point le plus élevé, et *le fastigium* en philosophie, c'est toute leur intention et leur désir, et que Dieu soit le plus estimé et honoré par eux, ce qui pourrait faire une grande réserve d'or. , et en abondance, ce qu'avec des prières non préméditées, ils espèrent atteindre du Dieu omniscient et chercheur de tous les cœurs ; nous témoignons donc publiquement par ces présents que les vrais philosophes sont loin d'être d'un autre avis, estimant peu la fabrication de l'or, qui n'est qu'un parergon ; car ils ont en outre mille choses meilleures.

Et nous disons avec notre père bien-aimé *RCC Phy : aurum nisi quantum aurum* , car pour eux la nature entière est détectée ; il ne se réjouit pas de pouvoir fabriquer de l'or et du fait que, comme le dit le Christ, les démons lui sont obéissants ; mais il est heureux de voir les cieux ouverts, les anges de Dieu monter et descendre, et son nom écrit dans le livre de vie. Nous témoignons également que sous le nom de « Chymia », de nombreux livres et images sont présentés dans Contumeliam gloriæ Dei, comme nous les nommerons en leur temps, et en donnerons aux cœurs purs un catalogue ou un registre ; et nous prions tous les hommes instruits de prendre garde à ce genre de livres, car l'ennemi ne se repose jamais, mais sème sa mauvaise herbe jusqu'à ce qu'un étranger l'arrache. Ainsi, selon la volonté et le sens de Fra. CRC, nous ses frères demandons à nouveau à tous les savants d'Europe de lire (envoyés en cinq langues) ceci notre *Famam et Confessionem* , qu'il leur plairait avec une bonne délibération de réfléchir à notre offre et d'examiner le plus attentivement et le plus attentivement leurs arts, et contempler le temps présent en toute diligence, et déclarer leur esprit, soit *Communicato consilio* , soit *singulatum* par écrit.

Et bien qu'à ce moment nous ne fassions mention ni de nos noms ni de nos réunions, néanmoins l'opinion de chacun nous parviendra assurément, dans quelque langue qu'elle soit ; et quiconque donne ainsi son nom ne manquera pas de parler avec certains d'entre nous, soit de bouche à oreille, soit bien s'il y en a une permission écrite. Et nous disons en vérité que quiconque nous témoignera sincèrement et de tout son cœur de l'affection pour nous, cela lui sera bénéfique en biens, corps et âme ; mais celui qui _is_est faux de cœur, ou seulement avide de richesses, ne pourra d'abord pas nous faire de mal de quelque manière que ce soit, mais se mènera à la ruine et à la destruction complètes. De plus, notre bâtiment (bien que cent mille personnes l'aient vu et vu) restera à jamais intact, non détruit et caché au monde méchant, sub umbra alarum tuarum Jehova.

Une préface de la confession au lecteur désireux de sagesse.

Ici, gentil lecteur, vous trouverez incorporés dans notre confession trente-sept raisons de notre but et de notre intention, que vous pourrez, selon votre plaisir, rechercher et comparer entre elles : vous pouvez également considérer avec vous-même, si elles sont importantes et suffisantes. assez pour te convaincre et te persuader de prendre notre part.

En vérité, il ne faut pas peu de peine pour confirmer ce que les hommes n'ont pas encore vu, mais lorsque cela sera révélé une fois, nous n'en doutons pas, mais ils auront alors à juste titre honte de tels doutes et conjectures. Et comme nous le faisons maintenant, en toute sécurité, librement et sans aucun dommage, appelons le pape de Rome Antichrist, ce qui était jusqu'ici considéré comme un péché mortel, et de tels dans tous les pays ont été mis à mort pour cela. Nous savons donc avec certitude que le temps viendra également où ce que nous gardons encore secret, nous le publierons et le confesserons ouvertement, librement et à haute voix devant le monde entier ; ce que Gentle Reader souhaite avec nous de tout ton cœur, afin que cela se réalise rapidement.

Confessio Fraternitatis ,
Ou, La Confession de la louable Fraternité du très honorable Ordre de la
Rosie Croix, écrite aux
savants d'Europe.

Tout ce qui est publié et fait connaître à tous concernant notre Fraternité par ledit Fama, que personne ne le prenne à la légère, ni ne le considère comme une chose vaine ou inventée, et encore moins ne le reçoive comme si c'était seulement une chose. une simple vanité de notre part. C'est le Seigneur Jéhovah (qui, voyant que le sabbat du Seigneur est presque proche et de nouveau précipité, sa période ou son cours étant terminé jusqu'à son premier commencement), change le cours de la nature ; et ce qui a été recherché jusqu'ici avec beaucoup de peine et de travail quotidien, est maintenant manifesté à ceux qui y prêtent peu d'importance, ou y réfléchissent à peine une seule fois ; mais ceux qui le désirent, c'est en quelque sorte forcé et imposé, afin que la vie des pieux puisse être soulagée de tous leurs jouets et de leur travail, et ne soit plus soumise aux tempêtes d'une fortune inconstante ; mais la méchanceté des impies, avec leur châtiment dû et mérité, s'en trouve augmentée et multipliée.

Bien que personne ne puisse nous soupçonner de la moindre hérésie, ni d'aucun mauvais début, ni d'aucun dessein contre le gouvernement du monde ; nous condamnons les blasphémateurs de l'Orient et de l'Occident (c'est-à-dire le Pape et Mahomet) contre notre Seigneur Jésus-Christ, et offrons et présentons de bonne volonté au chef principal de l'Empire romain, nos prières, nos secrets et nos grands trésors d'or.

Cependant, nous avons pensé qu'il était bon et opportun, pour l'amour des savants, d'ajouter un peu plus à cela et de donner une meilleure explication, s'il y a quelque chose de trop profond, caché et déposé dans l'obscurité dans le Fama, ou pour certaines raisons qui a été trouvé. complètement omis et laissé de côté; en espérant qu'ainsi les savants seront plus dépendants de nous et rendus beaucoup plus en forme et disposés à atteindre notre objectif.

Concernant le changement et l'amendement de la philosophie, nous avons (autant qu'il est nécessaire à l'heure actuelle) suffisamment déclaré, à savoir que celle-ci est tout à fait faible et défectueuse ; pourtant nous n'en doutons pas, bien que la plupart prétendent faussement qu'elle (je ne sais comment) est saine et forte, néanmoins elle va chercher son dernier souffle et s'en va.

Mais comme d'habitude, même dans le même lieu ou pays où éclate une nouvelle maladie inhabituelle, la nature y découvre aussi un médicament contre cette maladie ; ainsi apparaît, pour tant d'infirmités de la philosophie, le moyen juste et suffisamment offert à notre patrie, par lequel elle peut redevenir saine, qui doit maintenant être renouvelée et entièrement nouvelle.

Nous n'avons pas d'autre philosophie que celle qui est la tête et la somme, le fondement et le contenu de toutes les facultés, sciences et arts, et qui (si nous considérons notre époque) contient beaucoup de théologie et de médecine, mais peu de sagesse de Avocats, et sonde diligemment le ciel et la terre : ou pour en parler brièvement, ce qui manifeste et déclare suffisamment l'homme ; dont tous les érudits qui se feront connaître à nous et entreront dans notre fraternité trouveront par nous des secrets plus merveilleux que ceux qu'ils ont atteint jusqu'à présent, qu'ils connaissaient ou sont capables de croire ou de prononcer.

C'est pourquoi, pour exposer brièvement ce que nous voulons dire ici, nous devons travailler soigneusement pour que non seulement nous soyons émerveillés lors de notre rencontre et de notre adoration, mais que chacun sache également que, bien que nous estimons et considérons hautement de tels mystères et secrets, nous tenons néanmoins il convient que sa connaissance soit manifestée et révélée à beaucoup.

Car il faut enseigner et croire que notre offre volontaire et inespérée suscitera des pensées nombreuses et diverses chez des hommes qui (encore) sont inconnus Miranda sextæ ætatis, ou ceux qui, en raison bien sûr du monde, estiment les choses à sont semblables au présent, et sont gênés par toutes sortes d'importunités de leur temps, de sorte qu'ils ne vivent dans le monde que d'aveugles insensés, qui ne peuvent, dans les jours clairs et ensoleillés, discerner et ne rien savoir que seulement en ressentant.

Maintenant, concernant la première partie, nous estimons que les méditations, les connaissances et les inventions de notre Père Chrétien aimant (de tout ce qui depuis le commencement du monde, la Sagesse de l'Homme, soit par la révélation de Dieu, soit par le service des Anges) et les esprits, ou par l'acuité et la profondeur de la compréhension, ou par une longue observation, utilisation et expérience, ont découvert, inventé, produit, corrigé et jusqu'à présent ont été propagés et transplantés) sont si excellents, dignes et grands, que si tous les livres devaient périr, et par la sufrance de Dieu Tout-Puissant, tous les écrits et tout savoir devaient être perdus, pourtant la postérité ne pourra qu'ainsi poser de nouvelles fondations et remettre en lumière la vérité ; ce qui ne serait peut-être pas si difficile à faire que si l'on commençait à démolir et à détruire le vieux bâtiment en ruine, et à agrandir l'avant-cour, puis à allumer les lumières dans les logements, puis à changer les portes, les agrafes et autres les choses selon notre intention.

Mais à qui ne serait-il pas acceptable que cela soit manifesté à chacun plutôt que de le garder et de l'épargner, comme un ornement spécial pour le temps fixé à venir.

C'est pourquoi ne devrions-nous pas nous reposer de tout notre cœur et demeurer dans la seule vérité (que les hommes recherchent par tant de voies erronées et tortueuses) s'il avait seulement plu à Dieu d'éclairer pour nous le sixième candélabre, s'il n'était pas bon que nous n'ayons pas besoin de prendre soin, ne pas craindre la faim, la pauvreté, la maladie et la vieillesse.

N'était-ce pas une chose précieuse que vous puissiez toujours vivre ainsi, comme si vous aviez vécu depuis le commencement du monde, et d'ailleurs comme vous devriez encore vivre jusqu'à la fin de celui-ci. S'il n'était pas excellent que vous habitiez au même endroit, afin que ni les peuples qui habitent au-delà du Gange, dans les Indes, ne puissent rien cacher, ni ceux qui vivent au Pérou ne puissent vous cacher leurs conseils.

Ne serait-ce pas une chose précieuse que vous puissiez ainsi lire dans un seul livre, et en même temps, par la lecture, comprendre et vous souvenir de tout ce qui a été dans tous les autres livres (qui ont été jusqu'à présent, et qui paraîtront maintenant et dans l'avenir), est , et ils seront appris et découverts à partir d'eux.

Comme il était agréable de pouvoir chanter de telle sorte qu'au lieu de rochers pierreux, vous puissiez attirer vers vous des perles et des pierres précieuses, au lieu de bêtes sauvages , des esprits, et au lieu de Pluton infernal, émouvoir les puissants princes du monde.

Ô vous peuple, le conseil de Dieu est bien différent, qui a décidé maintenant d'augmenter et d'élargir le nombre de notre Fraternité, ce que nous avons entrepris avec une telle joie que nous avons jusqu'à présent obtenu ce grand trésor sans nos mérites, oui sans aucun de nos espoirs et pensées, et nous nous proposons avec la même fidélité de les mettre en pratique, afin que ni la compassion ni la pitié de nos propres enfants (que certains d'entre nous dans la Fraternité ont) ne nous en tirent, parce que nous savons que ces biens inespérés ne peuvent pas être hérité, ni obtenu par hasard.

S'il y a quelqu'un maintenant qui, de l'autre côté, se plaindra de notre discrétion, du fait que nous offrons nos trésors si librement et sans aucune différence à tous les hommes, et que nous ne considérons pas et ne respectons pas davantage les personnes pieuses, savantes, sages ou princières. que les gens ordinaires; ceux que nous ne contredisons pas, vu que ce n'est pas une affaire légère et facile ; mais sans nous signifier tellement, que nos arcanes ou secrets ne seront pas communs et généralement rendus connus. Bien que le Fama soit exposé en cinq langues et soit manifesté à tout le monde, nous savons pourtant très bien en partie que les esprits grossiers et ignorants ne recevront ni ne considéreront la même chose ; de même que la dignité de ceux qui seront acceptés dans notre Fraternité n'est pas estimée et connue de nous par la prudence de l'Homme, mais par la Règle de notre Révélation et Manifestation. C'est pourquoi, si les indignes crient et appellent mille fois, ou s'ils s'offrent et se présentent à nous mille fois, Dieu a ordonné à nos oreilles qu'elles n'entendent aucun d'eux. Oui, c'est ainsi que Dieu nous a entourés de ses nuages. , que pour nous, ses serviteurs, aucune violence ou force ne peut être exercée ou commise ; c'est pourquoi nous ne pouvons être vus ou connus de personne, à moins qu'il n'ait les yeux d'un aigle. Il a été nécessaire que le Fama soit exposé dans la langue maternelle de chacun, afin que ceux-ci ne soient pas privés de sa connaissance, que (bien qu'ils soient ignorants) Dieu n'a pas exclu du bonheur de cette Fraternité, qui sera divisée et s'est séparé avec certains degrés; comme ceux qui habitent dans la ville de Damcar en Arabie, qui ont un ordre politique très différent des autres Arabes. Car là-bas, ils ne gouvernent que des sages qui, avec la permission du roi, font des lois particulières ; selon quel exemple, le gouvernement sera également institué en Europe (dont nous avons une description établie par notre Père chrétien) lorsque le premier sera fait et que se réalisera ce qui doit précéder. Et désormais, notre Trompette sonnera publiquement avec un son fort et un grand bruit, lorsque précisément la même (ce qui est montré en ce moment par peu de gens et qui est secrètement, comme une chose à venir, déclarée dans les figures et les images) sera libre et proclamé publiquement, et que le monde entier soit rempli de tout. Même de la même manière que jusqu'à présent, de nombreuses personnes pieuses ont secrètement et tout à fait désespérément poussé la tyrannie du pape, qui ensuite, avec beaucoup de sérieux et un zèle particulier en Allemagne, a été renversé de son siège et foulé aux pieds, dont la chute finale est retardée. et gardé pour notre époque, où lui aussi sera égratigné en morceaux avec des clous, et où ses ânes crieront, par une nouvelle voyce : ce que nous connaissons est déjà manifestement manifeste et connu de nombreux savants en Allemagne, comme leurs écrits et leurs secrètes félicitations en témoignent suffisamment.

Nous pourrions ici raconter et déclarer ce qui s'est produit tout le temps depuis l'année de notre Seigneur 1378 (année de naissance de notre Père chrétien) jusqu'à présent, et nous pourrions répéter quelles modifications il a vues dans le monde ces cent et six années de sa vie, qu'il a laissées à nos frères et à nous après son décès pour les parcourir. Mais la brièveté, que nous observons, ne permettra pas pour le moment d'en faire une répétition, jusqu'à un moment plus opportun ; à l'heure actuelle, il suffit à ceux qui ne méprisent pas notre déclaration, y ayant donc brièvement touché, de préparer ainsi la voie à leur connaissance et à leur amitié avec nous.

Oui, à qui il est permis, afin qu'il puisse, et pour son instruction, utiliser ces grandes lettres et caractères que le Seigneur Dieu a écrits et imprimés dans l'édifice du ciel et de la terre, par le changement de gouvernement, qui a été de temps en temps modifié. et renouvelé; le même est déjà (bien qu'encore inconnu de lui-même) le nôtre : et comme nous savons qu'il ne méprisera pas notre invitation et notre appel, ainsi, personne ne craindra aucune tromperie, car nous promettons et disons ouvertement que la droiture et les espoirs d'aucun homme ne séduiront. lui, quiconque se fera connaître à nous sous le sceau du secret et désirera notre Fraternité.

Mais aux faux hypocrites et à ceux qui recherchent autre chose que la sagesse, nous disons et témoignons publiquement par ces présents, que nous ne pouvons pas être révélés et trahis à eux, et encore moins qu'ils puissent nous faire du mal de quelque manière que ce soit. sans la Volonté de Dieu ; mais ils participeront certainement à tous les châtiments dont parle notre Fama ; ainsi leurs mauvais conseils se révéleront à eux-mêmes, et nos trésors resteront intacts, jusqu'à ce que le Lion vienne, qui les demandera pour son usage et les emploiera pour la confirmation et l'établissement de son royaume. Nous devons donc bien observer ici, et faire savoir à chacun, que

Dieu a certainement et très assurément conclu d'envoyer et d'accorder au monde avant sa fin, qui en suivra bientôt, une telle Vérité, Lumière, Vie et Gloire, comme l'avait eu le premier Adam, qu'il a perdue au Paradis, après quoi ses successeurs ont été mis et conduits avec lui à la misère, c'est pourquoi cesseront toute servitude, mensonge, mensonge et ténèbres, qui peu à peu avec le grande Révolution mondiale, s'est glissée dans tous les arts, œuvres et gouvernements des hommes, et en a obscurci la plupart. Car de là procèdent une infinité de sortes d'opinions fausses et d'hérésies de toutes sortes, que le plus sage d'entre tous était à peine en mesure de savoir quelle doctrine et quelle opinion il devait suivre et embrasser, et ne pouvait pas être facilement et facilement discerné, vu sur l'une. Ils furent d'une part retenus, gênés et amenés dans l'erreur par le respect des philosophes et des savants, et d'autre part par la véritable expérience. Tout cela, lorsqu'il sera une fois aboli et supprimé, et à sa place une règle juste et vraie instituée, alors il restera des remerciements à ceux qui y ont pris soin, mais l'œuvre elle-même sera attribuée à la béatitude de notre époque.

Comme nous l'avouons maintenant volontiers, de nombreux hommes importants, par leurs écrits, contribueront grandement à cette réforme à venir ; nous ne désirons donc pas qu'on nous attribue cet honneur, comme si un tel travail nous était seulement commandé et imposé ; mais nous confessons et témoignons ouvertement avec le Seigneur Jésus-Christ qu'il arrivera d'abord que les pierres se lèveront et offriront leur service avant qu'il y ait un manque d'exécuteurs et d'exécutants du conseil de Dieu : oui, le Seigneur Dieu a déjà envoyé devant certains messagers, qui devraient témoigner de sa Volonté, à savoir, quelques nouvelles étoiles, qui apparaissent et sont vues dans le Firmament du Serpentaire et du Cygno, qui signifient et se font connaître à tous qu'elles sont de puissantes signacules de grandes choses puissantes. . Ainsi donc, les écrits et les caractères secrets et cachés sont très nécessaires pour tout ce que les hommes découvrent, bien que ce grand livre de la nature soit ouvert à tous les hommes, mais rares sont ceux qui peuvent le lire et le comprendre. Car, comme il est donné à l'homme deux instruments pour entendre, deux pour voir et deux pour sentir, mais un seul pour parler, et il serait vain d'attendre la parole des oreilles et l'audition des yeux : ainsi il y a eu Des âges ou des temps qui ont vu, il y a aussi eu des âges qui ont entendu, senti et goûté : maintenant il reste ce qui, dans peu de temps, l'honneur sera également rendu à la langue, et par la même, ce qui a été vu avant les temps, entendu et senti, maintenant enfin sera parlé et prononcé, c'est-à-dire lorsque le monde se réveillera de son sommeil lourd et somnolent, et avec un cœur ouvert, tête et pieds nus, se rencontrera joyeusement et joyeusement. le Soleil qui se lève maintenant.

Ces caractères et lettres, de même que Dieu les a incorporés ici et là dans les Saintes Écritures et la Bible, de même il les a imprimés de la manière la plus apparente dans la merveilleuse création du ciel et de la terre, oui, dans toutes les bêtes. De sorte que, de même que le mathématicien ou l'astronome peuvent voir et connaître longtemps avant les éclipses à venir, de même nous pouvons en vérité connaître et prévoir les ténèbres des obscurations de l'Église, et combien de temps elles dureront, d'après quels caractères ou lettres nous avons emprunté notre écriture magique, et avons découvert et créé un nouveau langage pour nous-mêmes, dans lequel tout est exprimé et déclaré la nature de toutes choses, il n'est donc pas étonnant que nous ne soyons pas si éloquents dans d'autres langues, lesquelles nous savons qu'ils sont totalement en désaccord avec les langues de nos ancêtres, Adam et Enoch, et qu'ils étaient totalement cachés à cause de la confusion babylonienne.

Mais nous devons également vous faire comprendre qu'il y a encore des plumes d'aigle sur notre chemin, qui gênent notre objectif. C'est pourquoi nous exhortons chacun à lire diligemment et continuellement la sainte Bible ; car celui qui y prend tous ses plaisirs saura qu'il s'est préparé une excellente voie pour entrer dans notre Fraternité ; car comme c'est là toute la somme et le contenu de notre Règle, que chaque lettre ou caractère qui existe dans le monde doit être bien appris et bien considéré ; ainsi ceux-là nous ressemblent, et nous sont très proches, qui font de la sainte Bible une règle de leur vie, et un but et une fin de toutes leurs études ; oui, qu'il soit un recueil et un contenu du monde entier, et non seulement de l'avoir continuellement dans la bouche, mais de savoir comment appliquer et diriger sa véritable compréhension à tous les temps et à tous les âges du monde. De plus, nous n'avons pas l'habitude de prostituer et de rendre si communes les saintes Écritures, car il y a d'innombrables interprètes de celles -ci, les uns les alléguant et les arrachant pour servir leur opinion, les autres pour la scandaliser, et les plus méchamment les comparent à un livre. Nez de cire qui devrait également servir aux théologiens, aux philosophes, aux médecins et aux mathématiciens, contre tout ce dont nous sommes ouvertement témoins et reconnaissons que depuis le commencement du monde, il n'a pas été donné aux hommes un nez plus digne, plus excellent et plus excellent. un livre plus admirable et plus sain que la sainte Bible. Bienheureux est celui qui possède la même chose, oui, plus béni est celui qui le lit diligemment, mais le plus béni de tous est celui qui comprend vraiment la même chose, car il ressemble le plus à Dieu et se rapproche le plus de Lui. Mais tout ce qui a été dit dans le Fama concernant les trompeurs contre la transmutation des métaux et la plus haute médecine du monde, il faut donc comprendre que ce si grand don de Dieu, nous ne le méprisons ni ne le méprisons en aucune manière. il. Mais parce qu'elle n'apporte pas toujours avec elle la connaissance de la nature, celle-ci ne produit pas seulement la médecine, mais nous révèle et nous révèle également d'innombrables secrets et merveilles ; il est donc nécessaire que nous soyons sérieux pour parvenir à la compréhension et à la connaissance de la philosophie. Et de plus, les esprits excellents ne doivent pas être attirés par la teinture des métaux avant d'être bien exercés dans la connaissance de la nature. Il doit nécessairement être une créature insatiable, parvenue si loin que ni la pauvreté ni la maladie ne peuvent lui nuire ; oui, qui est exalté au-dessus des autres hommes, et qui règne sur ce qui angoisse, trouble et fait souffrir les autres, mais qui se livrera de nouveau à des choses vaines, comme à construire des maisons, à faire des guerres et à utiliser toutes sortes d'orgueil, parce que il a une réserve infinie d'or et d'argent.

Dieu est bien autrement content, car il exalte les humbles et rabaisse les orgueilleux avec dédain ; à ceux qui ne parlent que peu, il envoie son saint ange pour leur parler, mais il chasse les bavards impurs dans le désert et les lieux solitaires ; ce qui est la juste récompense des séducteurs romains, qui ont vomi leurs blasphèmes contre le Christ, et qui ne s'abstiennent pas encore de leurs mensonges dans cette claire lumière brillante : en Allemagne, toutes leurs abominations et leurs ruses détestables ont été révélées, de sorte qu'ainsi il peut pleinement accomplir la mesure du péché et se rapprocher de la fin de son châtiment. C'est pourquoi il arrivera un jour que la bouche de ces vipères sera fermée et que les trois doubles cornes seront réduites à néant, car lors de notre réunion, nous en parlerons plus clairement et plus largement.

En conclusion de notre confession, nous devons vous avertir sincèrement de mettre de côté, sinon la totalité, du moins la plupart des livres écrits par de faux alchimistes, qui considèrent que ce n'est qu'une plaisanterie ou un passe-temps, lorsqu'ils abusent de la sainte Trinité, quand ils l'appliquent à des choses vaines, ou trompent les gens avec des figures les plus étranges, des phrases et des discours sombres, et arrachent le plus simple de leur argent ; car il y a de nos jours trop de livres de ce genre que l'ennemi du bien-être de l'homme mélange quotidiennement et finira par mélanger parmi la bonne graine , pour rendre ainsi la vérité plus difficile à croire, ce qui, dans elle-même est simple, facile et nue ; mais certainement le mensonge est fier, hautain et coloré d'une sorte d'éclat de sagesse apparemment pieuse et humaine. Vous qui êtes sages, évitez de tels livres et tournez-vous vers nous, qui ne cherchons pas votre argent mais vous offrons très volontiers nos grands trésors. Nous ne recherchons pas vos biens avec des teintures mensongères inventées, mais désirons vous faire participer à nos biens : nous vous parlons par paraboles, mais nous vous amènerions volontiers à l'exposition, à la compréhension, à la déclaration et à la connaissance justes, simples, faciles et ingénues. , de tous les secrets . Nous ne désirons pas être reçus de votre part, mais inviter youdans nos maisons et palais plus que royaux, et cela en vérité non pas de notre propre mouvement, mais (afin que vous le sachiez également) comme y étant forcés, par l'instigation de l'Esprit. de Dieu, par son avertissement et par l'occasion de ce temps présent.

Qu'en pensez-vous, vous qui aimez les gens, et combien semblez-vous affecté, puisque vous comprenez et savez maintenant que nous nous reconnaissons vraiment et sincèrement professer le Christ, condamner le Pape, nous attacher à la vraie Philosophie, mener une vie chrétienne et vivre quotidiennement appelez, suppliez et invitez beaucoup d'autres à notre Fraternité, à qui la même Lumière de Dieu apparaît également. Ne réfléchissez pas longuement sur la façon dont vous pourriez commencer avec nous, non seulement en méditant sur les dons qui sont en vous, et par l'expérience que vous avez dans la Parole de Dieu, en plus de la considération attentive de l'imperfection de tous les arts et de bien d'autres choses inappropriées. , pour y demander un amendement ; pour apaiser Dieu et vous accommoder pour le temps où vous vivez. Certainement, si vous faites de même, il s'ensuivra le bénéfice que tous les biens que la nature a merveilleusement dispersés dans toutes les parties du monde, vous seront à un moment donné entièrement donnés et vous déchargeront facilement de tout ce qui obscurcit le monde. compréhension de l'homme et entrave son fonctionnement, comme les vains épicides et les cercles astronomiques excentriques.

Mais ces hommes pragmatiques et occupés, qui soit sont aveuglés par l'éclat de l'or, soit (pour dire plus vrai) qui sont maintenant honnêtes, mais en pensant que de si grandes richesses ne devraient jamais échouer, pourraient facilement être corrompus et amenés à l'oisiveté, et à une vie fière et tumultueuse ; ceux que nous désirons ne nous dérangent pas avec leurs cris vains et vains. Mais qu'ils pensent que, même s'il existe un médicament capable de guérir complètement toutes les maladies, <u>nevertheless</u>ceux que Dieu a destinés à frapper de maladies et à les maintenir sous le bâton de la correction, ceux-là n'obtiendront jamais un tel médicament.

Même de cette manière, bien que nous puissions enrichir le monde entier, le doter du savoir et le libérer d'innombrables misères, nous ne serons jamais manifestés et connus à aucun homme, sans le plaisir particulier de Dieu ; oui, celui qui pense obtenir un bénéfice et participer à nos richesses et à notre connaissance, sans et contre la volonté de Dieu , sera si loin de celui qui pense qu'il perdra plutôt la vie en nous cherchant et en nous recherchant, plutôt que de retrouvez-nous, et parvenez au Bonheur souhaité de la Fraternité de la Rosie Cross.

CHAPITRE V.

John Heydon et les Rose-Croix.

COMME nous devons souvent mentionner les œuvres de cet « extraordinaire royaliste, mystique et géomancien », John Heydon, qui a tant écrit sur les Mystères de Rosie Crucian et a si haut vanté les louanges des disciples, il conviendra de présenter une esquisse de sa vie telle que racontée par un certain Frederick Talbot, dans les années 1662 et 1663, et attachée à « Elhavareuna », ou « le tuteur du médecin anglais ». Il dit que John Heydon n'a pas une descendance basse, mais noble. Les Antiquaires les font dériver (ses parents) de Julius Heydon, roi de Hongrie et de Westphalie, qui descendaient de cette noble famille de César Heydon à Rome ; et puisque dans cette course royale, la lignée descendait jusqu'à l'honorable Sir Christopher Heydon et Sir William Heydon, son frère de Heydon, près de Norwich ; qui s'est marié dans le Devonshire. Ici, la famille a prospéré de diverses manières, jusqu'à Sir John Heydon, feu Lord Lieutenant de la King's Tower de Londres. Et ce Sir William Heydon avait un fils baptisé également William, et avait deux fils William et Francis, tous deux nés dans le Devon, à Poltimore House ; Francis a épousé l'un des Nobles Chandlers du Worcestershire du côté de la mère, dont la lignée s'est étendue par mariage dans le Devonshire, parmi les Collins, les Canards, les Drues et les Ours. Il avait une sœur nommée Anne Heydon, décédée depuis deux ans, son père et sa mère. étant encore vivant. Il est né dans la maison de son père à Green-Arbour, Londres (son père ayant donné 1 500 £ à ces maisons) et a été baptisé à Saint-Sépulcre, tout comme sa sœur, et tous deux dans la cinquième et septième année du règne de le roi Charles Ier ; il a été éduqué dans le Warwickshire parmi les amis de sa mère, et ils étaient si attentifs à le protéger, lui et sa sœur, du danger et de leurs livres, qu'il en avait une continuellement pour le servir, à la fois à l'école et à la maison, tout comme sa sœur. sœur.

Il fut recommandé par M. John Dennis, son tuteur à Tardebick, auprès de M. George Linacre, prêtre de Coughton, où il apprit les langues latines et grecques ; la guerre à cette époque commença à molester les universités de cette nation, il fut stagiaire auprès de M. Mic. Petley, avocat de Clifford Inne, avec quatre-vingts livres sterling, qu'au bout de cinq ans il prêterait serment comme avocat ; étant maintenant très jeune, il appliqua son esprit à l'apprentissage et, par son esprit heureux, atteignit une grande connaissance dans tous les arts et sciences. Plus tard, il suivit également les armées du roi et, pour sa valeur, commanda dans les troupes, lorsqu'il fut par ces moyens. célèbre pour son savoir et ses armes, il voyagea en Espagne, en Italie, en Arabie, en Égypte et en Perse, etc., et se consacra à l'écriture, et composa environ dix-sept ans depuis, le Temple de la Sagesse en trois livres, le Saint Guide en six Livres, Elhavareuna en un seul livre, Ocia Imperialia en un seul livre, l'Idée de loi, l'Idée de gouvernement, l' Idée de tyrannie en trois parties, les éléments fondamentaux de la philosophie morale, de la politique, du gouvernement et de la guerre, etc.

Ces livres ont été écrits il y a près de dix-sept ans et conservés par la bonne main de Dieu sous la garde de M. Thomas Heydon, Sir John Hanner, Sir Ralph Freman et Sir Richard Temple ; à l'époque du tyran, on avait d'abord les livres, puis un autre, etc. Et enfin , à la demande de ces nobles, savants et vaillants chevaliers, et en l'honneur de Son Altesse le duc de Buckingham, ils furent imprimés.

Il écrivit beaucoup d'excellentes choses et fit beaucoup d'expériences rares dans les arts de l'astromancie et de la géomancie, etc., mais surtout quatre-vingt-une, la première sur la mort du roi, prédite par lui en Arabie à ses amis, la seconde sur les pertes du roi. Roi à Worcester, prédit à Thauris en Perse. Troisièmement, il a prédit la mort d'Oliver Cromwell à Lambeth House à de nombreuses personnes d'honneur mentionnées dans ses livres. Quatrièmement, il a écrit sur le renversement de Lambert et du duc d'Albymarle, sur le retour du roi dans ses heureux pays, et l'a donné au major Christopher Berkenhead, un orfèvre à l'ancre près de Fetter Lane et à Holborn ; la cinquième précaution ou prédiction qu'il a donnée à Son Altesse le duc de Buckingham, deux mois avant que le mal ne soit commis, et son ennemi Abraham Goodman repose maintenant dans la tour pour avoir tenté de tuer le noble prince. Le sixième pour le comte Gramont lorsqu'il fut banni en Angleterre par le roi de France, et qu'il prédit par les arts de l'astromancie et de la géomancie, le retour du roi en faveur et son mariage avec lady Hamilton. Le septième pour le duc Minulaus, pair d'Allemagne, que l'empereur lui envoya, lorsque le Turc avait une armée contre lui, et de la mort du pape ; le reste est dans ses livres, et c'est pourquoi, grâce à ces monuments, le nom de Heydon pour la variété de ses connaissances était célèbre non seulement en Angleterre, mais aussi dans de nombreuses autres nations dans lesquelles ses livres sont traduits.

Ce John Heydon ne craint personne, ne méprise personne, n'ignore personne, ne se réjouit de personne, ne s'afflige de personne, ne rit de personne, n'est en colère contre personne, mais étant lui-même philosophe, il a enseigné la voie du bonheur, la voie de la longue vie. la vie, le chemin de la santé, le chemin du déclin des jeunes étant vieux, et le chemin de résoudre toutes sortes de questions, présentes et à venir, par les règles de l'astromancie et de la géomancie, et comment ressusciter les morts.

Il y a beaucoup de John Heydon, un certain John Heydon, le divin et prêtre de Jésus-Christ, c'est un philosophe et un avocat, appelé serviteur de Dieu et secrétaire de la nature, et à cela les princes et les pairs non seulement d'Angleterre, mais d'Espagne, L'Italie, la France et l'Allemagne l'envoient quotidiennement chez lui, et à chaque occasion il montre des parties fortes et un cerveau vigoureux ; ses souhaits et ses objectifs, et ce qu'il indique, le disent propriétaire d'un cœur noble et généreux ; les excellents livres de ce gentleman sont admirés par le monde des hommes lettrés, car le prodige de ces derniers temps (et même ses ouvrages mentionnés plus haut, si je puis en juger quelque chose) sont pleins du savoir le plus profond que j'aie jamais rencontré : et je crois Ceux qui les ont bien lus et digérés se persuaderont qu'il n'y a pas de vérité trop abstruse, ni conçue jusqu'ici hors de notre portée, et si quelqu'un devait mettre en doute mon jugement, il pourra lire les éloges des deux universités d'Oxford et de Cambridge. outre les savants Thomas White et Thomas Revell, Esq., tous deux célèbres à Rome et ailleurs au-delà de la mer, qui ont hautement honoré ce gentleman dans leurs livres ; pourtant il a souffert de nombreux malheurs, son père a été séquestré, emprisonné et a perdu deux mille livres par Cromwell. Cet Oliver a également emprisonné son fils pendant deux ans et demi, ou environ, à Lambeth House, car lui et la famille de son père étaient toujours pour le roi et s'efforçaient au maximum de le restaurer ; et en effet le tyran était cruel envers lui, mais John Thurloe, son secrétaire, était bon avec lui et plaignait sa curieuse jeunesse. Et le messager le garda (à sa demande) dans sa propre maison et lui donna la permission d'aller à l'étranger, mais étant pourtant zélé et actif pour le roi, il fut de nouveau pris et enfermé à Lambeth House ; dans ces malheurs, cela lui coûta 1 000 £ et plus ; après cela, des méchants envieux ont forgé contre lui des actions en dette et l'ont mis en prison. Il semble qu'au début de ces malheurs, une certaine prostituée voulut qu'il l'épouse, mais niant sa demande, car il ne lui avait jamais parlé de sa vie en bien ou en mal jusque-là ; elle imaginait maintenant avec ses confédérés une multitude de méfaits contre lui. Et beaucoup lui ont demandé de se marier, mais il a refusé. Il en restait maintenant (parmi quelques vieux almanachs et bribes d'esprit d'autres hommes) rassemblés et légués au monde par Nic. Culpe (comme sa propre expérience admirée) la vieille Alice Culpeper, sa veuve. Elle a entendu ce monsieur (qu'il était héritier d'un grand domaine après la mort de son père et après la mort de son oncle, 1 000 £ par an, mais que cet oncle soit du côté du père ou du côté de la mère, je ne le sais pas, mais la succession est sûre à leur mort), le courtise par des lettres d'amour, en vain ; la sainte suivante était celle qui se fait appeler la princesse allemande. Mais il vole haut et méprise ces grandes bêtes de volaille, le premier de ces deux oiseaux bénis de sa vie a amené un certain Heath à l'arrêter, et un autre a intenté contre lui des poursuites dont il n'a jamais eu connaissance ni entendu parler. Dans cette perplexité, il fut emprisonné pendant deux ans, car ils ne désiraient rien d'autre que d'obtenir de l'argent ou de le détruire, de peur que s'il obtenait sa liberté, il ne les punisse. Étant de nature noble, il leur a pardonné toutes leurs méchancetés et leurs intrigues contre lui, et il a dédaigné de se venger de telles choses pitoyables. Dieu lui a en effet rendu justice, car cette lande consomme pire que rien, et en effet, si je peux juger ou prédire quoi que ce soit, ses maisons de débauche seront mises en gage , et il mourra en misérable mendiant malade. Sa maîtresse, quand il était très jeune et commis, lui demanda de coucher avec elle, mais lui, comme Joseph, refusant, elle le haït toute sa vie. Dieu le préserva de leur méchanceté, quoiqu'une de ces trois femmes impudiques jurait que ce monsieur pratiquait l'art de la Magie ; elle a dit à Oliver Cromwell qu'elle avait vu des esprits familiers aller et venir vers lui sous la forme de Conies, et sa femme de chambre jura qu'elle les avait souvent vus dans ses appartements lorsqu'il était à l'étranger, et parfois marchant sur le toit de la maison pendant les nuits de clair de lune, et parfois pour disparaître. loin dans un mur ou une Aire, mais lorsqu'on lui a demandé, elle ne pouvait pas dire quel genre d'homme il était. Donc ces histoires n'ont pas été créditées, et pour toutes ces afflictions et bien d'autres encore et de fausses accusations, je ne l'ai jamais vu en colère, et il n'a même pas arrêté ou emprisonné un homme ou une femme de toute sa vie.

Il a été faussement accusé récemment d'avoir écrit un livre séditieux et emprisonné sous la garde d'un messager, mais son noble ami le duc de Buckingham le trouvant innocent et toujours pour le roi, il fut alors libéré, et en effet ce glorieux duc est un très bon et juste juge et noble, car il a pardonné à Abraham Godman qui était venu le tuer avec son épée dégainée, le duc avec son assiette et sa serviette (car il était au souper) enlève son épée en disant : je peux te tuer, mais je le méprise , et peu après il lui pardonna. Et il est si miséricordieux qu'après avoir fait prisonniers les Quakers dans le Yorkshire, il a utilisé tant d'arguments sages et convaincants qu'ils les ont soumis au roi ; dont le duc était heureux et sauva toute leur vie ; il étudie la manière de préserver son roi et son pays dans la paix, l'abondance et la prospérité. Il est dommage que le roi n'ait pas beaucoup plus d'hommes aussi courageux que lui, un millier de ducs aussi sages que celui-ci (comme un tonnerre de marshell, soutenu par des flammes de feu) feraient trembler tous les ennemis du roi et de la chrétienté. et les Turcs fuient devant de si grands généraux, en toute soumission ; nous prions humblement pour ce grand Prince, le laissons à son plaisir et revenons à notre sujet.

John Heydon n'est pas de cette nature vaniteuse et présomptueuse que les Taylor qui méprisaient tous les artistes, même Appolonius, More, Vaughan et Smith , etc. leur savoir, et convertir les parts d'autrui à leur propre profit. Il a prêté dix livres d'or, en récompense ou en retour, il parle mal de lui et prétend connaître de nombreuses règles admirables de géomancie, et les ajoute impertinemment aux Nativités et les applique à toutes sortes de questions d'astromancie, mais ses livres étant écrits il y a si longtemps, c'est-à-dire dix-sept ans par lui-même, que leur avidité pour les grandes choses est découverte, et nous savons maintenant qu'ils ne sont ni des savants ni des gentlemen, ceux-ci raccrochent leurs poids avec... voici les Nativités calculées, les questions résolues, et toutes les parties d'Astrologie enseignée par nos soins.... En trois pence, quatre pence, six pence, ou plus si vous voulez — ainsi sont les jeunes apprentis, les vieilles femmes et les filles maltraitées, et pour qu'on les trouve pour de l'argent, dites-nous que les douze maisons du ciel sous le signe d'un blason sont à laisser, alors qu'ils pourraient effectivement mettre des billets sur leur front d'airain, graver ainsi : Voici des chambres à louer non meublées, mais notre auteur ne considère pas ces hommes ; tous leurs scandales, contrefaçons et stratagèmes ignobles qu'ils inventent contre lui, il les méprise et les méprise, et a délibérément abandonné Spittle Fields et son logement là-bas, pour vivre une vie privée, libre du concours des multitudes de personnes qui le suivaient quotidiennement. mais si quelqu'un désire être conseillé, qu'il laisse par lettre ses affaires chez son libraire, et il aura réponse et conseil sans récompense, car il n'est ni envieux ni ennemi de personne ; ce que j'écris repose sur ma propre connaissance.

Il écrit maintenant depuis Hermenpolis, un endroit où je n'ai jamais été ; cela semble d'après le mot être la ville de Mercure, et en vérité il a été dans de nombreux endroits étranges, parmi les Rosie Crucians, et dans leurs châteaux, maisons saintes, temples, sépulcres, sacrifices. Ce monsieur a beaucoup souffert de son silence discret et de sa solitude. Chaque Nativity Hawker condamne les Rosie Crucians parce qu'ils n'apparaissent pas au monde, et conclut qu'une telle société n'existe pas parce qu'il n'en est pas membre, et que M. Heydon ne montera pas sur scène (laissons ses ennemis écrire ou dire ce qu'ils veulent). quand un insensé entre en criant, il ne regarde pas non plus chaque chien qui aboie après lui. Tout le monde sait que ce monsieur étudie les choses honorables et honnêtes, et les communique fidèlement aux autres, mais si quelqu'un le calomnie par la suite, il ne faut pas s'attendre à sa justification, il a renvoyé sa querelle au Dieu de la Nature, il est mêlé aux préoccupations. de ses Vérités et il se contente de la paix d'une bonne conscience ; il a été mal interprété dans ses écrits, avec des calomnies étudiées, ils dénigrent une personne qu'ils n'ont jamais vue, et qu'ils ne verront peut-être pas, il est résolu à ce que l'avenir souffre, car il dit que Dieu ne condamne aucun homme pour sa patience, le monde peut en effet pense que la vérité est renversée, parce qu'elle est accompagnée de sa paix car, aux yeux de la plupart des hommes, il n'y a pas de victoire, il ne considère pas cela comme un inconvénient, l'estimation de telles censures ne fera qu'alléger la balance, et je ne suppose pas ces cerveaux très faibles qui conçoivent que la vérité sombre parce qu'elle les dépasse ; quant aux cris tumultueux quand ils veulent leurs motivations, ils découvrent un esprit irréligieux, qui a plus du Hurrey-cano que du Christ Jésus, Dieu n'était pas dans le vent qui déchira les rochers en morceaux, ni dans le tremblement de terre et l'incendie d'Horeb. . Il était en Aura tenui, avec la petite voix douce. Ses ennemis sont obligés de louer ses vertus et ses amis sont désolés de ne pas avoir 10 000 livres par an, il n'en veut pas au vulgaire spleen, qui écrit la vérité de Dieu a le même patron avec la vérité elle-même, et quand le monde se soumettra au Tribunal général, il trouvera son Avocat là où ils trouveront leur Juge, il y a témoignage mutuel entre Dieu et ses serviteurs, ou la nature et son Secrétaire ; si le Baptiste a rendu témoignage du Christ, le Christ a aussi fait beaucoup pour le Baptiste ; il était une lumière brûlante et brillante ; lorsque j'ai écrit la vie de ce monsieur, Dieu peut m'en rendre témoignage, elle lui était inconnue et sans but privé, mais j'y ai été contraint par une forte admiration du mystère et de la majesté de la nature, écrite par ce serviteur de Dieu et secrétaire de Nature; J'ai commencé sa vie il y a quelques années, et je la note telle que je la trouve. Si quelqu'un s'y oppose, je répondrai, si vous êtes pour la paix, la paix soit avec vous, si vous êtes pour la guerre, je l'ai été. aussi (M. Heydon décide de ne plus jamais tirer l'épée en Angleterre, sauf si le roi le lui ordonne). Que celui qui revêt l'armure ne se vante pas comme celui qui la remet à plus tard. « Gaudet patientia duris » est sa devise, et c'est pourquoi je me présente comme un ami de tous les artistes et un ennemi de personne.

FRÉDÉRIK TALBOT, Esq.

3 mars 1662.

Ce que l'on pensait de John Heydon et ce qu'il semblait penser de lui-même peuvent être appris des témoignages quelque peu jaillissants qu'il a annexés à plusieurs de ses livres.

Au début des Axiomes, nous avons ce qui suit :

"À son ami le plus ingénieusement accompli, M. John Heydon, sur son Axomata infaillible de Rosie Crucian, l'utilisation excellente et secrète des nombres."

"Maintenant, que le Pape ne prétende plus être le Père de l'Infaillibilité ; à moins qu'il ne puisse enseigner les grands nombres de Heyden, et atteindre avec agilité ses axiomes. Un savant Heydon, avec sa plume semblable à l'art
,
a exercé
ainsi le cerveau des hommes ; Voilà comment lui répondre cet âge ne sait pas [j'en suis sûr] avec tout son esprit et sa rage. Notre auteur ici, en tant qu'héritier de son talent ,
a gardé son nom (avec une plume enceinte) si heureusement ! que les siècles à venir
chanteront sa renommée dans cet éloge funèbre ;
Pendant que les nombres chantent la joyeuse harmonie du monde, cette œuvre digne enseignera la philosophie.
J. GADBURY.

Encore une fois dans le même ouvrage.

« À son très honoré ami l'auteur, M. John Heydon, à propos des axiomes infaillibles de Rosie Crucian. »

« Pythag'ras redivivus, va
dans le monde et compte tes louanges ; c'est vrai.
Par chiffres, c'est fait ; découvert uniquement par vous.
Par conséquent, le plus grand miracle vous est dû.
Tria sunt omnia ne surpassera plus ,
qui n'est qu'un âne, mais pour de simples nombres, tes nombres composés
sont aussi clairs que le verre
. monde si exactement fait, dans le temps passé ou présent, ce qui va
arriver, puis l'âme grouillante donne une pause à ta plume, et respire un
moment avant la prochaine édition.
JOHN FYGE ,
ministre de l'Évangile.

Encore: -

« Ô Mage Complet, la louange accompagne
ton digne travail, à ce que chaque nombre tend, Sith à la Sainte Croix tu es
la Couronne ; Et ce que la Nature a d'abord mis en Hiéroglyphes, afin de
pouvoir cacher Aux Fils de la terre, son Chéri le fait. révèle
aux fils de l'art et déplie ces tomes de Crypicks qui étaient auparavant rold;
axiomes infaillibles, tu nous montres, Pyrrho ferait-il renoncer à son
commerce douteux; la philosophie peut par ta méthode être courtisée, et
gagnée par des hommes de bas degré, quand f ancy me dit que cela ne peut
pas être fait,
ma raison me pousse à croire qu'un fils, inspiré par l'esprit de Rosie
Crucian, est l'héritier de plus, à qui je le réfère.
THOMAS FYGÉ. »

« Hayl, toi (admira Heydon) dont les grandes parties
brillent au-dessus de l'envie ; et les arts communs ,
vous êtes parents des anges et des lumières supérieures, (une étincelle du
premier feu) dont les vols d'aigle ne font pas de commerce avec la terre et
la grossièreté, mais passent aux cieux purs et font de votre Dieu votre verre,
en qui vous voyez toutes les formes, et ainsi donnez ces découvertes rares,
comment les choses bougent et vivent,
continuez à réaliser vos grands desseins, et ne laissez pas ce monde grossier
vaincre nos espoirs.
Oh, laisse-moi, par ceci, la lumière naissante
qui coule sur moi tout au long de ta nuit à trois piliers,
passer à l'est de la vérité, jusqu'à ce que je puisse voir le
premier bel état de l'homme ; quand la sage simplicité
la colombe et le serpent, innocents et sages habitent dans son sein, et lui au

paradis. Ceux-ci de l'arbre de la connaissance ses meilleures branches, je vais arracher une guirlande des sourcils de cet auteur ,
que la renommée léguera aux temps suivants ,
avec ce plus juste des applaudissements, la couronne du Grand Heyden.
FRED. TALBOT , *écuyer* .

Dans les premières pages du « Saint Guide », nous trouvons ce qui suit :

« Le célèbre Eugène ! Célèbre avant tout !
Un prince en physique ! Le plus séraphical ! Le grand archer de l'art ! Ne tirez jamais large ;
Pourtant, Hitt'st le Blanc est le meilleur, dans ton Saint Guide. Bon Dieu ! Quelles douleurs les médecins ont-ils
appris pour nettoyer les physiques [étrangement perturbé] Brook ?
Mais comme leurs travaux tortueux ont détruit
nos espoirs, ton guide dirige le chemin tout préparé.
Hippocrate, le grand Galen et Senertus ,
Rhenvoleus, Paracelsus et Albertus, Grave Gerrard et Ingenious Parkinson,
Dead Culpeper et Living Thomlinson, ont tous bien fait. Mais ah ! ils manquent le chemin,
Toi qui as tracé, Toi, Cher Serviteur de Dieu ; et ce n'est donc pas étonnant s'ils s'écartent
de toi ; Secrétaire de la Grande Nature (Haut-Né) !
C'est toi seul qui as enseigné la voie de la béatitude ;
c'est toi seul qui sais ce que c'est : c'est toi qui as ratissé l'Égypte fructueuse
pour les médicaments ; et l'Italie pour plus ; et en Arabia, tes cerveaux collectionneurs,
pour nous faire du bien, ont pris de merveilleuses douleurs. Ceci ayant fait,
si les critiques ne s'inclinent pas devant ton grand savant Petra scandalou,
cela leur prouvera sûrement : Et cet essai de tes sublimes mystères, Je les assurerai auprès de la Sage Minerve.
Pourtant, j'ignore toujours ton Pantarva. Mais tiens bon ! Où suis-je? Bien sûr, ils
m'ont jeté un sort, parce que je ne peux pas bien louer tes actions :
Libère-moi, bon Eugène ! et la Couronne
ne se tiendra sur aucun front mais sur ton savant Propre.
Poètes, ne réclamez plus les Bayes !
'Tis Heydon brille seul avec de splendides Rayes !Suivez son guide, il vous enseigne le plus sûrement ;
Que chacun fasse la blessure ; C'est qu'il doit guérir. Car il dirige le Welgrowne ; Vieux et jeunes ,
pour vivre riche, heureux, en bonne santé, noble, fort.
JOHN GADBURY. »

« Au lecteur, au nom de mon très honoré ami l'auteur, M. John Heydon. »

« Un labyrinthe a besoin d'un fil d'écoute pour trouver
le passage, et un esprit dædalien peut accomplir d'étranges œuvres, hors de
portée du vulgaire , et
créer une brèche
dans sa compréhension . On voit souvent que lorsque des hommes aux
parties enceintes étudient, inventent et promulguent des arts rares ou des
secrets inconnus, ils intriguent maintenant ceux qui ne les comprennent pas
; leurs oui, leurs non, sont mis au non-plus ; Il leur manque alors des
tuteurs pour les faire avancer , ou les faire revenir.
Combien de savants (dans les temps anciens)
Dans toutes les sciences étaient comptés des Sages ? Et pourtant ils sont à
peine compris par les hommes ,
qui les lisent quotidiennement o're et o're encore ! Certains peuvent
raconter des choses passées, et d'autres les présentent ,
Et d'autres serait au courant des choses à venir.
Certains étudient avec plaisir, certains aimeraient vivre longtemps ;
Certains qui sont vieux aimeraient redevenir jeunes. Cet homme joue et
moile pour acheter de la richesse, cet homme tombe malade en étudiant
pour sa santé; cet homme serait heureux d' avoir la sagesse;
Tous sont perdus, et chacun a envie ; aucun n'est content, mais chacun a
besoin d'un guide pour les diriger lorsqu'il se retire. Puisqu'il en est ainsi,
notre auteur a pris soin de nous conduire à l'intérieur et de nous faire
ressortir ; qui lui plaît de se confier à
ces découvertes, voici son saint guide. Priez, qu'est-ce qui peut améliorer
davantage le Commonwealth ,
que la découverte du chemin de la santé ? Le paradoxe est devenu une
certaine vérité ,
un homme ancien peut teindre c'est la prime de la jeunesse.
Quelle merveille s'il s'écarte du
Chemin, qui ne veut pas emprunter le Saint Guide !
John Booker. »

« À son ami ingénu, M. John Heydon, sur son livre intitulé Le Saint
Guide. »

"Les anciens mages, les druides, les kabbalistes ,
les brachmanes, les sybils et les gymnosophistes, avec tous ces arts occultes,
ont berdash
et font tant de manties, ne font que des déchets par la vente au détail, et
peuvent aller aux colporteurs: vos marchandises les plus riches les rendent
soe. Le Stagarite doit avec son MurnivalOf Elements, Galien des Humeurs
appelerDans tous leurs costumes, ou votre nouvel Art,Sans eux, rend leur
bonne vieille cause intelligente.
Les médecins vulgaires ne peuvent pas chercher plus de patients, alors ceux

qui ont besoin d'hellibore :
quand le pouvoir de Rosie Crucian peut ressusciter les morts et garder en
vie les vieillards dans leur jeunesse.
Si vous n'aviez pas appelé votre ouvrage le Saint Guide,
cela aurait intrigué tout le monde de
l'avoir baptisé d'un nom si approprié et si adapté à ce qu'il contient ;
devrait-il être appelé Encyclopédie des arts curieux, ou terme 'd'un mystère
in folio, ou être nommé le Vatican réduit à un enchiridion, ou tous les
Hermæ dans un sénaire,
l'urim et le thummim de la philosophie, l'art des hiéroglyphes ainsi révélés
et comme les apocalypses, ils sont cachés
ou th' Orthodoxall Parodox, ou all
Discover'd, que les hommes appellent encore à merveille ; ou la Magna
Charta de toutes les sciences ,
et celui qui le nomme ne peut pas l'appeler moins, le livre et le titre auraient
bien pu être d'accord ; pourtant les hommes se sont demandé si dans leur
Credo, ils auraient dû mettre votre article, mais maintenant, le nom de saint,
personne n'ose le nier, quand il existe tant de savoir en un seul, c'est Heyd ,
et non Hermès, qui sera trismégiste.
Et si le très révérend de la tribu Levi's
le sanctifie, je ne peux que souscrire.
Moi-même votre ami et serviteur ,
THOS. FYGÉ. »

« Maintenant, il y a », dit John Heydon, « une sorte d'hommes, comme ils le
rapportent eux-mêmes, nommés Rosie Crucians ; une Fraternité divine qui
habite les banlieues du Ciel, et ce sont les Officiers du Généralissime du
monde, qui sont comme les yeux et les oreilles du grand Roi, voyant et
entendant toutes choses ; on dit que ces RC sont illuminés séraphiquement,
comme Moïse l'était, selon cet Ordre des Éléments ; La Terre est transformée
en Eau, l'Eau en Air, l'Air en Feu. Ainsi, si un homme est l'un des Héros,
d'un Héros, d'un Damon ou d'un bon Génie, s'il est un Génie, un participant
aux choses divines et un Compagnon de la sainte Compagnie des Âmes non
corporelles et des Anges immortels, et selon leurs véhicules , une vie
polyvalente, se transformant en n'importe quelle forme à la manière de
Proteus.

« Mais le bonheur le plus riche qu'ils estiment est le don de la guérison et de
la médecine. Il leur fallut beaucoup de travail et de grands voyages avant de
pouvoir arriver à cette Béatitude ci-dessus, ils furent d'abord de pauvres
messieurs, qui étudièrent Dieu et la nature, comme ils l'avouent eux-mêmes
: (disant) Voyant dans ces dernières le seul Dieu sage et miséricordieux. jours
a répandu si abondamment sa miséricorde et sa bonté envers l'humanité,
grâce à laquelle nous atteignons de plus en plus à la connaissance parfaite de

son Fils Jésus-Christ et de la nature : que nous pouvons à juste titre nous vanter du temps heureux où non seulement nous est découvert le la moitié du monde qui était jusqu'alors inconnue et cachée ; mais il nous a également manifesté de nombreuses œuvres et créatures de la nature merveilleuses et jamais vues jusqu'ici, et en outre a élevé des hommes, dotés d'une grande sagesse, qui pourraient en partie renouveler et réduire tous les arts (dans notre époque, tachetée et imparfaite) à la perfection.

« Bien que dans la Théologie, la Physique et les Mathématiques, la vérité s'oppose à elle-même, néanmoins le vieil ennemi, par sa subtilité et son habileté, se montre en entravant tout bon dessein par ses instruments et en contestant (les gens hésitants) à une telle intention d'un général. Réforme, le Père le plus pieux et le plus séraphiquement illuminé, notre frère CR, un Allemand, le chef et l'original de notre Fraternité, a beaucoup et longtemps travaillé, qui, en raison de sa pauvreté (bien qu'il soit un gentilhomme né et descendant de parents nobles) dans la cinquième année de son âge, il fut placé dans un cloître, où il avait appris indifféremment les langues grecque et latine (qui, sur son désir et sa demande, étant encore dans ses années de croissance, fut associé à un Frère PAL, qui avait décidé d'aller à Apamie).

« Bien que son frère soit mort à Chypre et ne soit jamais venu à Apamia, notre frère CR n'est pas revenu mais s'est embarqué et est allé à Damasco, avec l'intention d'aller de là à Apamia, mais à cause de la faiblesse de son corps, il est resté toujours là, et grâce à son habileté en médecine, il obtint beaucoup de faveur auprès des Ismalites. Entre-temps, il fit par hasard la connaissance des sages de Damcar en Arabie, et vit quelles grandes merveilles ils accomplissaient et comment la nature leur était découverte ; Ainsi l'esprit élevé et noble du frère CR était-il si éveillé qu'Apamia n'était plus autant dans son esprit que Damcar ; De plus, il ne pouvait plus retenir ses désirs, mais il conclut un marché avec les Arabes pour qu'ils le transportent contre une certaine somme d'argent à Damcar. C'était dans la seizième année de son âge que le Sage le reçut (comme il en témoigne lui-même).) non pas comme un étranger, mais comme quelqu'un qu'ils attendaient depuis longtemps, ils l'appelèrent par son nom et lui montrèrent d'autres secrets de son Cloyster, sur lesquels il ne pouvait que s'étonner fortement.

« Il y apprit mieux la langue arabe : de sorte que l'année suivante il traduisit le livre M. en bon latin, et je l'ai mis en anglais sous le titre de The Wiseman's Crown ; à quoi est ajoutée une nouvelle méthode de Rosie Crucian Physick. C'est ici qu'il apprit sa médecine et sa philosophie, comment ressusciter les morts ; par exemple, comme un serpent coupé en morceaux et pourri dans du fumier, chaque morceau se révélera à nouveau un serpent entier, etc., et alors ils commencèrent à pratiquer d'autres choses et à tuer les oiseaux et à les brûler avant qu'ils ne soient froids dans un verre, et ainsi pourri, puis enfermé dans une coquille, pour le faire éclore sous une poule, et le restaurer

; et d'autres preuves étranges qu'ils ont faites de chiens, de porcs ou de chevaux, et par la même corruption, pour les relever et les renouveler. Et enfin , ils purent restaurer par le même procédé chaque frère mort à la vie, et ainsi continuer pendant plusieurs siècles.

« Frère CR, après de nombreux voyages, revint de nouveau en Allemagne, et y construisit une habitation propre et convenable, sur une petite colline ou mont, et sur la colline reposait toujours un nuage ; et il s'y rendait visible ou invisible, à sa guise et à sa discrétion.

« Après cinq ans, il se souvint du retour souhaité des enfants d'Israël hors d'Égypte, de la façon dont Dieu les sortirait de l'esclavage avec l'instrument Moïse. Puis il se rendit à son Cloyster, auquel il témoignait de l'affection, et demanda à trois de ses frères de l'accompagner chez Moïse, le serviteur choisi de Dieu. Frère GV, Frère JA et Frère JO, qui outre qu'ils avaient plus de connaissances dans les Arts que beaucoup d'autres à cette époque, il les a liés à lui-même, pour qu'ils soient fidèles, diligents et secrets ; ainsi que de s'engager soigneusement à écrire ce que Moïse a fait ; et aussi tout ce qu'il devrait les diriger et les instruire, afin que ceux qui devaient venir, et par révélation particulière soient reçus dans cette Fraternité, ne soient pas trompés de la moindre syllabe et du moindre mot.

« C'est ainsi qu'a commencé la Fraternité de la Rosie-Croix, d'abord par quatre personnes, qui sont mortes et ressuscitées jusqu'au Christ, puis elles sont venues adorer pendant que l'étoile les guidait à Bethlem de Judée, où reposait notre Sauveur dans les bras de sa mère ; puis ils ouvrirent leur trésor et lui présentèrent des cadeaux, de l'or, de l'encens et de la myrrhe, et, par le commandement de Dieu, rentrèrent chez eux dans leur habitation.

« Ces quatre rajeunis successivement pendant plusieurs centaines d'années, ont créé un langage et une écriture magiques, avec un grand dictionnaire, qui sont encore utilisés quotidiennement à la louange et à la gloire de Dieu, et y trouvent une grande sagesse ; ils ont fait aussi la première partie du livre M. que je publierai prochainement sous le titre de La Couronne du Sage.

Dans son Apologue au sixième livre du Saint Guide, après avoir déclaré que Moïse était le père des Rosie Crucians, qu'ils étaient les Officiers du Généralissime du Monde, de l'ordre d'Élie ou Disciples d'Ézéchiel, etc. , John Heydon poursuit : « Mais il y a encore des arguments pour obtenir M. Walfoord et T. Williams, Rosie Crucians par des élections, et ce sont les miracles qu'ils ont faits, à mes yeux, car il semblerait que les Rosie Crucians n'étaient pas des Rosie Crucians. seulement initiés à la théorie mosaïque, mais sont également parvenus au pouvoir d'opérer des miracles, comme Moïse, Élie, Ézéchiel et les prophètes qui lui succédèrent, en étant transportés où bon leur semble, comme Habacuc l'était de la communauté juive à Babylone, ou comme Philippe, après avoir baptisé l'eunuque, à Azotus, et l'un d'eux est allé de moi chez un de mes amis dans le Devonshire, et est venu et m'a apporté une réponse à Londres le même jour, ce qui est un voyage de quatre jours ; ils m'ont appris d'excellentes prédictions sur l'astrologie et les tremblements de terre ; ils éteignent la peste dans les villes ; ils font taire les vents violents et les tempêtes ; ils calment la rage de la Mer et des Fleuves ; ils marchent dans les Airs ; ils contrecarrent les aspects malveillants des sorcières ; ils guérissent toutes les maladies ; J'ai demandé à l'un d'eux de me dire si mon teint était capable de la société de mon bon génie ? Quand je te reverrai, dit-il, je te le dirai, c'est à ce moment-là qu'il voudra venir vers moi, car je ne sais où aller vers lui. Quand je l'ai vu, il a dit : Vous devriez prier Dieu ; car un homme bon et saint ne peut offrir à Dieu aucun sacrifice plus grand ni plus acceptable que l'offrande de lui-même, de son âme.

« Il dit aussi que les bons Génies sont comme les yeux bienveillants de Dieu, parcourant le monde avec amour et pitié, contemplant les efforts innocents d'hommes inoffensifs et célibataires, toujours prêts à leur faire du bien et à les aider. eux; et en partant, il m'a dit de me méfier de mes amis apparents qui me feraient tout le mal qu'ils pourraient, et provoqueraient la colère des gouverneurs des nations contre moi et mettraient des limites à ma liberté ; ce qui m'est vraiment arrivé, comme eux en effet ; Il m'a dit bien d'autres choses avant de nous séparer, mais je ne les nommerai pas ici.

« Dans cette Rosie Crucian Physick ou Medicines, que je découvre avec bonheur et de manière inattendue en Arabie, qui prouveront un rétablissement de la santé pour tous ceux qui sont affligés de cette maladie que nous appelons ordinairement naturelle, et de toutes les autres maladies, comme la goutte, l'hydropisie, Lèpre et maladie décroissante ; et on peut dire que ces hommes n'ont pas peu de perspicacité dans le corps, et que Walfoord, Williams et d'autres membres de la Fraternité qui vivent actuellement, peuvent supporter dans le même équipage probable, avec ces nobles esprits divins leurs prédécesseurs ; bien que l'inhabileté chez les hommes reconnaisse généralement davantage une aide surnaturelle dans les imaginations brûlantes et instables et la mélancolie perplexe que dans l'usage calme et distinct de la raison ; cependant pour ma part, mais non sans soumission à de meilleurs jugements, je considère ces Rosie Crucians plus que tous les hommes véritablement inspirés, et plus que tous ceux qui l'ont professé ou prétendu ainsi pendant ces seize cents ans, et je suis ravi d'admiration pour leurs miracles. et des inventions mécaniques transcendantes, pour résoudre les phénomènes du monde : je peux donc sans offense les comparer avec Bezaliel et Aholiab, ces ouvriers habiles et rusés du Tabernacle, qui, comme Moïse en témoigne, étaient remplis de l'Esprit de Dieu, et nous étions donc d'une excellente intelligence pour découvrir toutes sortes de travaux curieux.

« Ce n'est pas non plus un argument que ces Rosie Crucians ne sont pas inspirés, parce qu'ils ne disent pas qu'ils le sont ; ce qui pour moi n'est pas du tout un argument ; mais la suppression de ce qui s'est passé demanderait beaucoup plus de sobriété et de modestie ; alors que cette profession auprès d'hommes sobres serait soupçonnée de quelque mélancolie et de distraction, surtout dans les choses où le grand plaisir est l'évidence et l'exercice de la raison, et non une simple croyance ou un sens ineffable de la vie, C'est pourquoi il n'y a pas de vrai chrétien qui ne soit inspiré ; mais si un prétendant plus zélé à la prudence et à la droiture, manquant soit de loisir, soit de capacité à examiner ces médecines Rosie Crucian jusqu'au fond, doit néanmoins les condamner ou les admirer, il s'est aventuré de manière inconvenante et indiscrète hors de sa propre sphère, et je ne peux pas le faire. acquittez-le d'injustice ou de folie. Je ne suis pas non plus une Rosie Crucian, et je ne parle pas non plus de méchanceté, ou d'espoir de gain, ou pour toute question de ce genre, il n'y a aucune raison, Dieu le sait ; Je n'envie aucun homme, quel qu'il soit, je ne suis pas un phisitien, je ne l'ai jamais été et je n'ai jamais eu l'intention de l'être ; ce que je suis, peu importe ma profession.

« Enfin, ces saints et bons hommes veulent me faire savoir que la plus grande douceur et la plus grande perfection d'une âme vertueuse est l'accomplissement bienveillant de sa propre nature, dans la vraie sagesse et l'amour divin ; et ces choses miraculeuses qui sont faites par eux, sont que cette valeur et cette connaissance qui sont en eux puissent être prises en compte, et que Dieu puisse ainsi être glorifié, dont ils sont les témoins ; mais aucun autre bonheur ne leur en découle, mais ils peuvent ainsi être dans une meilleure capacité de rendre les autres heureux.

Spittle-fields, ce 10 mai 1662.
JOHN HEYDON.

Comme, bien entendu, il est impossible de donner de longs extraits des œuvres de ce célèbre John Heydon, quelques citations de l'Index de son saint Guide montreront la nature de l'ouvrage et doivent suffire à notre propos actuel. « Comment, par les nombres, les Rosie Crucians connaissent d'avance toutes les choses futures, commandent toute la nature et font des miracles, etc. La résolution de toutes sortes de questions, et comment par les nombres vous pouvez être heureux, etc. Comment faire vivre un homme jusqu'à deux cents ans. Comment éviter toutes les maladies. La façon Rosie Crucian d'être en bonne santé. Comment vivre vingt ans sans nourriture, comme le font de nombreuses créatures. Comment ressusciter un oiseau mort. De générer plusieurs serpents d'un seul », etc., etc.

CHAPITRE VI.

Gabalis : ou les mystères extravagants des kabbalistes.

SUR une page précédente, nous faisions référence à un livre qui, à une époque, acquit une notoriété considérable sous le titre de « Comte Gabalis ; ou les mystères extravagants des kabbalistes », l'extrait suivant montrera la nature de l'ouvrage et s'avérera sans doute intéressant.

Comte Gabalis : ou les mystères extravagants des gabbalistes, ou les roses-cruciens exposés dans cinq discours agréables sur les sciences secrètes.

Discours le premier.

Que Dieu ait l'âme de Monsieur le Comte de Gabalis ! qui , au moment où on m'écrit des nouvelles, est récemment mort d'une apoplexie. Or les kabbalistes ne manqueront pas de dire que cette sorte de mort est ordinaire à ceux qui gèrent imprudemment les secrets des Sages ; et que depuis que le bienheureux Ramundus Lullius a prononcé cette sentence dans son dernier testament, un ange destructeur est toujours prêt à étrangler en un instant tous ceux qui ont indiscrètement révélé les mystères philosophiques.

Mais qu'on ne condamne pas si témérairement ce Sage, sans avoir une meilleure connaissance de sa conduite. C'est vrai qu'il m'a tout découvert ; mais non sans toute la circonspection cabalistique requise. Je dois lui rendre justice, en rendant ce témoignage à sa mémoire, qu'il fut un grand zélote pour la religion de ses pères, les Philosophes ; et qu'il aurait souffert les flammes, plutôt que d'en avoir profané la sainteté, en la révélant à tout prince indigne, à toute personne ambitieuse ou incontinente ; trois sortes de gens, excommuniés de tous temps par les sages. Par chance, je ne suis pas un prince ; J'ai peu d'ambition ; et par la suite de ce discours, on voit que j'ai un peu plus de chasteté qu'il n'en faut à un Sage. Je suis doté d'un esprit docile ; curieux de savoir, et assez audacieux : il me suffit d'un peu de mélancolie pour faire avouer à tous ceux qui voudraient blâmer le comte de Gabalis qu'il n'avait rien besoin de me cacher, puisque j'étais un sujet assez propre aux sciences secrètes. . Il est vrai que sans la Mélancolie, on ne peut y faire de grands progrès : mais ce peu de stock que j'en ai suffisait pour que je n'en sois pas rejeté. Vous (a-t-il dit cent fois contre une) vous avez Saturne dans un Angle, dans sa Maison, et Rétrograde ; vous ne pouvez pas manquer, un de ces jours, d'être aussi mélancolique qu'un Sage devrait l'être : car le plus sage de tous les hommes (comme nous le savons dans la Cabale) avait, comme vous, Jupiter à l'Ascendant. Et pourtant , on n'a jamais observé qu'il ait jamais ri une seule fois au cours de sa vie, tant son Saturne était puissant en lui, bien qu'il soit certainement plus faible que le vôtre.

C'est donc mon Saturne, et non M. le comte de Gabalis, avec lequel le Virtuose *doit* se quereller, si j'affecte plus la divulgation de ses secrets que leur pratique. Si les Étoiles ne font pas leur devoir, le Comte n'est pas en faute, et si je n'ai pas une âme assez grande pour tenter de devenir Maître de la Nature, bouleverser les Éléments, divertir les Intelligences Suprêmes, commander aux Démons. , engendrer des Géants, créer des Mondes Nouveaux, parler à Dieu dans son Haut Trône, et obliger le Chérubin, qui défend l'entrée du Paradis, à me laisser entrer et à faire deux ou trois tours dans ses Promenades ; c'est à moi qu'il faut qu'ils s'en prennent plus ou moins : ils ne le doivent pas pour cette insulte à la mémoire de cet Homme Rare ; et dis qu'il est mort, pour m'avoir tout dit. Est-il impossible que parmi les esprits errants, il n'ait pas été vaincu dans un conflit avec un Hobgobelin indocile ? Peut-être n'est-il pas mort, mais en apparence ; suivant l'usage des philosophes, qui semblent teindre dans un lieu et se transporter dans un autre. Quoi qu'il en soit, je ne pourrai jamais croire que la manière dont il m'a confié ses trésors mérite une punition. Vous verrez comment tout s'est passé.

Le bon sens m'ayant toujours fait soupçonner qu'il y avait beaucoup de vide dans tout ce qu'on appelle la Science Secrète, je n'ai jamais été tenté de perdre autant de temps, au point de feuilleter les pages des livres qui en traitent : mais pourtant ne trouvant pas raisonnable de condamner sans savoir pourquoi, tous ceux qui s'y adonnent, qui d'ailleurs sont des personnes sages, très savantes pour la plupart, et éminentes tant pour la robe que pour l'épée. Je pris la résolution (afin d'éviter d'être injuste et de me lasser de lectures fastidieuses) de me faire passer pour un grand passionné de ces sciences, parmi tous ceux dont je pouvais savoir qu'ils appartenaient à cette bande. J'ai eu rapidement un succès supérieur à ce que je pouvais espérer . Puisque tous ces messieurs , si mystérieux et si réservés qu'ils paraissent, ne désirent rien d'autre que de donner libre cours à leur imagination et aux découvertes nouvelles qu'ils prétendent avoir faites dans la nature. En quelques jours, je fus le confident des plus considérables d'entre eux, et j'avais chaque jour l'un ou l'autre d'eux dans mon cabinet, que j'avais fait garnir exprès de leurs auteurs les plus fantaisistes. Il n'y a jamais eu de virtuose érudit de ce genre, mais j'ai eu une correspondance avec lui. En un mot, pour mon zèle pour cette science, je me suis vite aperçu que j'étais bien approuvé de tous. J'avais pour compagnons des princes, des grands seigneurs, des hommes en robe, de belles dames et des méchants aussi ; Docteurs, prélats, frères, moniales : in fine des personnes de tous rangs et qualités. Les uns étaient pour converser avec les Anges, d'autres avec les Démons, d'autres avec leur Génie, d'autres avec celui d'Incube ; certains s'adonnaient au traitement des maladies, certains à l'observation des étoiles, certains aux secrets de la Divinité et presque tous à la pierre philosophale.

Ils étaient tous d'accord que ces grands secrets, et surtout la pierre philosophale, étaient à peine découverts, et que très peu y parviennent, mais ils avaient tous surtout une très bonne opinion d'eux-mêmes, pour croire qu'ils étaient du nombre des élus. Par bonheur, avec une infinie impatience, les plus considérables d'entre eux attendaient à cette époque l'arrivée d'un seigneur qui était un grand kabbaliste, et dont le domaine est situé sur les frontières de la Pologne. Il avait promis par lettres aux enfants de Philosophie de Paris de venir leur rendre visite ; et ainsi passer de la France à l'Angleterre. J'ai eu commission pour écrire une réponse à ce grand homme : je lui ai envoyé le projet de ma Nativité, afin qu'il juge si j'étais capable d'aspirer à la sagesse suprême. Mon projet et ma lettre étaient si heureux de l'obliger à me faire l'honneur de me répondre ; que je serais un des premiers qu'il verrait à Paris ; et que, si le Ciel ne s'y opposait pas, il ne lui manquerait rien pour m'introduire dans la Société des Sages.

Dans la bonne gestion de ma fortune, j'entretiens une correspondance régulière avec l'illustre Allemand : je lui propose, de temps en temps, de gros doutes, aussi fondés que possible, sur l'Harmonie du Monde, les Nombres de Pythagore. , les Révélations de Saint-Jean et le premier chapitre de la Genèse. La grandeur de l'affaire le ravissait ! Il m'a écrit des merveilles inouïes ; et je vis bien que j'avais affaire à un homme d'une imagination des plus vigoureuses et des plus abondantes. Je fus étonné un jour remarquable, lorsque je vis venir un homme d'un très excellent Mien, qui, me saluant gravement, me dit en langue française, mais avec un accent d'étranger : Adorez mon fils ; Adorez le Dieu le plus glorieux et le plus grand des Sages et ne vous enflez pas d'orgueil, qu'il vous envoie l'un des enfants de la Sagesse pour vous constituer un compagnon de leur société et vous faire participer aux merveilles de sa Toute-Puissance. .

Cette manière étrange de saluer m'a tout d'un coup surpris, et j'ai commencé, d'abord, à me demander si ce ne pouvait pas être ou non une apparition : néanmoins, reprenant mes esprits du mieux que je pouvais, et le regardant aussi civilement que le peu de crainte dont j'étais saisi, pouvait me permettre, Quoi que vous soyez (lui dis-je) dont le Complément n'a pas de goût de ce monde, vous me faites un grand honneur en me faisant cette visite. Mais je vous en supplie, s'il vous plaît, avant d'adorer ce Dieu des Sages, faites-moi savoir de quel Dieu et de quels Sages vous parlez. Faites-moi la faveur de vous asseoir sur cette chaise et donnez-vous la peine de me dire, ce qu'est ce Dieu, et ce que sont ces Sages, cette Compagnie, ces Merveilles de Toute-Puissance, et après ou avant tout cela, quel genre de créature j'ai. l'honneur de parler.

Monsieur, vous me recevez très sagement (dit-il en souriant et en prenant la chaise que je lui ai présentée), vous désirez que je vous explique tout à coup des choses que, s'il vous plaît, je ne résoudrai pas aujourd'hui. Le

Complément que je vous ai fait, sont les paroles que les Sages emploient d'abord, à ceux à qui ils se proposent d'ouvrir leur cœur et de découvrir leurs mystères. J'avais pensé qu'étant si sage que vous me paraissiez dans vos lettres, cette salutation ne vous serait pas inconnue, et qu'elle serait le complément le plus agréable qui puisse vous être fait par le comte de Gabalis.

Ah ! Monsieur, m'écriai-je en me rappelant que j'avais un jeu délicat à jouer, comment me rendre digne de tant de bonté ? Est-il possible que le meilleur de tous les hommes soit dans mon étude ? que le grand Gabalis m'honore de sa visite ?

Je suis le moindre des Sages (répliqua-t-il avec un regard sérieux) et Dieu, qui distribue les rayons de sa sagesse au poids et à la mesure, au gré de sa souveraineté, ne m'a donné qu'un petit talent, en comparaison de celui que j'ai. admirer chez mes camarades. J'espère que vous pourrez les égaler un jour ; si j'osais en juger par le projet de votre nativité, que vous m'avez fait l'honneur de m'envoyer : mais vous me donnez à me plaindre de vous, Monsieur (ajouta-t-il en souriant) en me prenant encore maintenant pour un Esprit. Pas pour un Esprit, lui dis-je, mais je vous proteste, Monsieur, que me rappelant tout à coup ce que Cardan raconte de son père ; qu'étant un jour dans son cabinet, il reçut la visite d'inconnus, vêtus de diverses couleurs ; qui l'a diverti dans un discours agréable sur leur nature et leur emploi. Je vous comprends (interrompit le comte), c'étaient des Sylphes dont je vous parlerai plus tard : ce sont des espèces de substances aériennes ; qui viennent parfois consulter les Sages au sujet des livres d'Averroès, qu'ils ne comprennent pas bien. Cardan était un lourdaud de publier cela parmi ses subtilités : il avait trouvé ces souvenirs dans les papiers de son père, qui était des nôtres, et qui, voyant que son fils était naturellement bavard, ne voulait rien lui apprendre de ce qu'il y avait de plus considérable ; mais qu'il s'embarrasse d'astrologie, par laquelle il n'était pas assez rusé pour empêcher que ses fils ne soient pendus. C'est grâce à cet âne que vous m'avez fait le mal de me prendre pour un Sylphe. Dommage (répliquai-je !) Pourquoi, Monsieur, devrais-je être si malheureux de... Je n'en suis pas fâché (l'interrompit-il) puisque vous n'êtes pas obligé de savoir d'avance que tous ces esprits élémentaires sont nos disciples ; car ils sont très heureux, quand nous nous baissons si bas pour les instruire ; et le moindre de nos Sages est plus savant que tous ces petits messieurs. Mais nous en parlerons plus largement, à un moment plus opportun ; il me suffit aujourd'hui d'avoir eu la satisfaction de vous voir. Efforcez-vous, mon fils, de vous rendre digne de recevoir les Illuminations Cabalistiques : l'heure de votre régénération est venue ; c'est votre faute si vous ne devenez pas une nouvelle créature. Il sortit de mon bureau et je me plaignis de sa courte visite, tandis que je l'attendais à son retour, qu'il avait eu la cruauté de me quitter si vite, après m'avoir laissé être si heureux, pour avoir un aperçu de sa lumière. . Mais m'ayant assuré avec une grande grâce que je ne perdrais rien à ce départ brusque, il monta dans sa voiture et me quitta dans une surprise que je ne puis exprimer. Je n'en croyais pas mes propres yeux, ni mes propres oreilles : je suis sûr (dis-je) que c'est un homme de grande qualité ; qu'il a une succession de cinq mille livres sterling par an, et qu'en outre il paraît très accompli. Est-il possible qu'il puisse ainsi se laisser remplir de ces sottises ? Il m'a parlé de ces Sylphes avec beaucoup de sérieux : devra-t-il finalement se révéler sorcier ? et aurais-je été trompé jusqu'à présent, en croyant que de telles choses n'existaient pas ? Mais supposons qu'il soit un sorcier, y en a-t-il aussi quelques-uns aussi pieux que cet homme semble l'être ?

Le comte fut heureux de m'accorder toute la nuit en prière, et le matin, dès le point du jour, il me fit savoir qu'il viendrait chez moi à huit heures du matin et que, si je le voulais, nous pourrions y aller. et prenons l'air ensemble. Je l'ai attendu; il est venu, et après des civilités réciproques, allons (me dit-il) dans un endroit où nous serons libres ensemble et où personne ne pourra interrompre notre conversation.

Voyant que nous étions aussi libres de compagnie qu'il pouvait le désirer, il dit : « Comme tu serais heureux, mon fils, si le ciel a la bonté de mettre dans ton âme les dispositions que les hauts mystères exigent de toi. Vous êtes sur le point d'apprendre à commander à la nature ; Dieu d'en haut sera votre maître, et les Sages seuls seront vos égaux, les intelligences suprêmes considéreront comme une gloire d'obéir à vos désirs. Lorsque vous serez inscrit parmi les enfants de la Philosophie, et que vos yeux seront fortifiés par l'usage de notre médecine sacrée, vous découvrirez immédiatement que les Éléments sont habités par les créatures les plus parfaites, de la connaissance et du commerce desquelles, le péché du malheureux Adam a exclu toute sa trop malheureuse postérité. Cet espace immense qui est entre la terre et le ciel a des habitants plus nobles que les oiseaux et les mouches ; ce vaste océan a aussi d'autres troupes, outre les dauphins et les baleines ; les profondeurs de la terre ne sont pas seulement réservées aux taupes ; et l'élément feu (plus noble que les trois autres) n'a pas été rendu inutile et nul.

L'air est rempli d'une multitude innombrable de gens ayant une forme humaine, un peu féroce en apparence, mais docile par expérience ; grands amateurs des sciences, subtils, officieux envers les Sages, et ennemis des sots et des ignorants. Leurs femmes et leur fille ont une sorte de beauté masculine, telle que nous décrivons les Amazones. Comment, monsieur (m'écriai-je), pourriez-vous me persuader que ces amis dont vous parlez sont mariés ?

Ne sois pas si féroce, mon fils, répondit-il, pour une si petite affaire. Croyez tout ce que je vous dis, soyez solide et vrai. Je ne vous fais connaître que les principes de l'ancienne Cabale, et il n'y a besoin de rien d'autre pour les justifier que de vous faire croire vos propres yeux ; mais recevez avec un esprit doux la lumière que Dieu vous envoie par mon interposition. Sachez que les mers et les rivières sont habitées, ainsi que l'air : les anciens Sages ont appelé ce genre de personnes Ondiens ou Nymphes. Ils n'ont parmi eux que peu de mâles, mais les femmes y sont en grand nombre : leur beauté est merveilleuse, et les filles des hommes n'ont rien en elles de comparable à celles-là.

La terre est remplie presque jusqu'au centre de Gnomes ou Pharyes, peuple de petite taille, gardiens des trésors, des mines et des pierres précieuses. Ils sont ingénieux, amis des hommes et faciles à commander. Ils fournissent aux enfants des Sages autant d'argent qu'ils en ont besoin, et ne demandent jamais d'autre récompense que la gloire d' être commandés . Les Gnomides ou Femmes de ces Gnomes ou Pharyes, sont petites, mais très belles et leur habit merveilleusement curieux... Quant aux Salamandres, les inhabitantsde la région du feu, elles servent les Philosophes, mais elles ne recherchent pas leur compagnie avec tout grand empressement. Les épouses des Salamandres sont belles, et même plus belles que toutes les autres, puisqu'elles sont d'un élément plus pur. Vous serez plus charmé par la beauté de leur esprit que par la beauté de leur corps, et pourtant vous ne pourrez qu'être affligé pour ces pauvres malheureux lorsqu'ils vous diront que leur âme est mortelle et qu'ils n'ont aucun espoir de jouir du bonheur éternel, et de l'Etre Suprême, qu'ils reconnaissent et adorent religieusement. Ils nous diront qu'étant composés des parties les plus pures des éléments qu'ils habitent, et n'ayant en elles aucune qualité contraire, puisqu'ils ne sont faits que d'un seul élément, ils ne meurent qu'après plusieurs siècles, mais hélas ! qu'est -ce qu'un tel Temps, par rapport à l'Éternité ? Ils doivent éternellement se résoudre à leur rien. Cette considération les afflige cruellement ; et nous avons assez de peine pour les réconforter à ce sujet.

Nos Pères les Philosophes, parlant à Dieu face à face, se plaignirent de ce malheur de ce peuple, et Dieu, dont la miséricorde est sans bornes, leur révéla qu'il n'était pas impossible de trouver un remède à ce mal. Il leur a inspiré que par le même moyen que l'homme, par l' alliance qu'il a contractée avec Dieu, a été rendu participant de la Divinité : les Sylphes, les Gnomes, les Nymphes et les Salamandres par l'alliance qu'ils pourraient contracter avec l'homme, pourraient devenir participants de l'immortalité. Ainsi une Nymphe ou une Sylphide devient Immortelle et capable de la bénédiction à laquelle nous aspirons, lorsqu'elle est assez heureuse pour être mariée à un Sage ; un Gnome ou une Sylphe cesse d'être mortel du moment qu'il épouse une de nos filles.

De là est née l'erreur des temps anciens, de Tertullien, de Justin Martyr, de Lactance, de Cyprien, de Clément Alexandrin, d'Athengoras le philosophe chrétien, et en général de tous les écrivains de cette époque. Ils avaient appris que ces Demi-hommes élémentaires s'étaient efforcés de faire du commerce avec des servantes , et ils ont dès lors imaginé que la chute des anges n'était pas arrivée, mais à cause de l'amour dont ils étaient touchés pour les femmes. Certains Gnomes, désireux de devenir immortels, avaient eu envie de gagner les bonnes affections de nos filles, et avaient apporté en abondance des pierres précieuses dont ils sont les gardiens naturels, et ces auteurs, s'appuyant sur le Livre d'Enoch, qu'ils ont mal compris, Je pensais que c'était la tentative que ces Anges Amoureux avaient offerte à la chasteté de nos femmes. Au commencement, ces enfants du ciel engendrèrent des géants célèbres en se faisant aimer des filles des hommes, et des vieilles kabbalistes, Joséphine et Philon (car tous les Juifs l'ignorent) et après eux tous les autres auteurs, que je viens de nommer. , ainsi qu'Origène et Macrebius, et n'ont pas su qu'ils étaient les Sylphes et autres peuples des éléments qui, sous le nom d'Enfants d'Elohim, se distinguent des enfants des hommes. De même ce que le Sage Saint Augustin, a eu la pudeur de laisser indéterminé, touchant les poursuites que ceux appelés Faunes ou Satyres, faisaient après les Africains de son temps, est éclairci par ce que j'ai maintenant allégué du désir que tous ces éléments élémentaires les habitants ont, de s'allier aux hommes ; comme le seul moyen d'atteindre l'immortalité qu'ils n'ont pas.

Non non! Nos Sages n'ont jamais commis l'erreur d' attribuer la chute des premiers Anges à leur amour des femmes, pas plus qu'ils n'ont mis les hommes sous la puissance du Diable ; en lui imputant toutes les aventures des Nymphes et des Sylphes, dont parlent si largement les historiens. Il n'y avait rien de criminel dans tout cela. C'étaient les Sylphes qui s'efforçaient de devenir Immortels. Leurs poursuites innocentes, loin de pouvoir scandaliser les Philosophes, nous ont paru si justes, que nous sommes tous résolus d'un commun accord à renoncer entièrement aux femmes ; et à nous consacrer entièrement à l'immortalisation des Nymphes et des Satyres.

Bon Dieu (m'écriai -je) Qu'est-ce que j'entends ? Y a-t-il déjà eu un F——— aussi merveilleux. Oui, mon fils (interrompit le Comte) admire la merveilleuse félicité des Sages ! Au lieu des femmes, dont la beauté fanée disparaît en peu de temps et est suivie de rides et de laideurs horribles, les Philosophes jouissent de beautés qui ne vieillissent jamais et qu'ils ont la gloire de rendre immortelles. Devinez l'amour et la reconnaissance de ces maîtresses invisibles, et avec quelle ardeur elles s'efforcent de plaire au charitable philosophe qui travaille à les immortaliser.

Ah ! Monsieur (je m'écriai encore une fois), je renonce à ———. Oui, vous Monsieur, poursuivit- il sans me laisser le loisir d'achever, renoncez aux plaisirs flétris qu'on peut avoir avec les femmes ; le plus beau d'entre tous est répugnant à l'égard du Syphide le plus simple : aucun mécontentement ne suit jamais nos embrassements de Sage. Misérables ignorants ! Comment vous plaindriez-vous de ne pas avoir le pouvoir de goûter aux plaisirs philosophiques ? Misérable comte de Gabalis, l'interrompis-je avec un accent mêlé de colère et de compassion. Voulez-vous me permettre de vous dire enfin que je renonce à cette sagesse insensée ; que je trouve cette philosophie visionnaire très ridicule ; que je déteste les abominables embrassements qui vous font affecter ces Fantasmes ; et que je tremble pour vous, et m'étonne qu'un de ces prétendus Sylphides ne vous précipite pas en enfer, au milieu de vos transports et de vos ravissements ; et craignez qu'un homme aussi honnête que vous ne perçoive la fin de votre insensé zèle Chymerick et ne se repente d'un si grand crime. Oh! Oh! (répondit -il) les méfaits s'allument sur ton esprit indocile. Son action, je dois l'avouer, m'a effrayé ; mais ce fut encore pire, quand je m'aperçus qu'en s'éloignant de moi, il tirait de sa poche un papier que je pouvais facilement voir à cette distance comme étant plein de caractères ; pourtant je ne pouvais pas bien le discerner. Il les lut gravement et parlait à voix basse. J'ai deviné qu'il invoquait un esprit pour ma ruine, et je me suis repenti plus qu'un peu de mon zèle inconsidéré. Si j'échappe à cette aventure (m'écriai-je), je n'aurai plus jamais affaire à un kabbaliste. Je fixais mes yeux sur lui, comme sur un juge qui allait me condamner à mort ; quand enfin je m'aperçus que ses regards devenaient sereins. C'est dur, dit-il en souriant et en s'approchant de nouveau de moi. C'est dur pour toi de donner des coups de pied contre les Pricks. Vous êtes un vaisseau d'élection. Le Ciel vous a ordonné d'être le plus grand cabaliste de votre époque. Voyez le projet de votre Nativité, qui ne peut échouer. Si ce n'est pas maintenant, et cela aussi par mes moyens, ce sera une grande merveille, comme le montre ce Saturne rétrograde.

Hélas, monsieur (lui dis-je) si je dois devenir un Sage, ce ne sera jamais que par le moyen des Grandes Gabalis ; mais pour traiter librement avec vous, je crains que vous ayez du mal à me plier à ce mode philosophique. Il semble (continua-t-il) que vous ne soyez que peu instruit en physique, pour ne pouvoir être persuadé de l'existence de ces gens-là ? Je ne sais pas (je répondis) mais je ne peux pas imaginer qu'il puisse s'agir d'autre chose que d'amis déguisés. Pensez-vous toujours (dit-il) plutôt à vos propres fantaisies qu'à la raison naturelle ? que Platon, Pythagore, Celse, Psellus, Proclus, Porphyrius, Jamlicus, Plotin, Trismégiste, Noblius, Dorneus, Fludd ; que le grand Phillippus Aureolus Theophractus Bombst Paracelsus de Honeinhem ; et que toute notre Société.

Je vous croirais (je répondis) aussitôt, voire plus tôt que tout cela ; mais, cher monsieur, ne pourriez-vous pas arranger les affaires avec le reste de votre société, afin que je ne sois pas obligé d'avoir des relations charnelles avec ces dames élémentaires ? Loin, loin (répliqua-t-il), vous avez votre propre liberté, sans aucun doute ; car personne n'aime s'il n'y a envie. Peu de Sages ont pu se défendre de leurs Charmes, mais on a observé que certains se réservant entièrement et entièrement aux grandes choses (comme vous le saurez avec le temps), ne feraient jamais cet honneur aux Nymphes. Je serai donc de ce nombre, dis-je, mais je ne puis non plus me résoudre à perdre du temps sur les cérémonies dont, j'ai entendu dire un prélat, doivent être pratiquées par ceux qui veulent converser avec leurs génies. Ce prélat ne savait pas ce qu'il disait (dit le comte), car vous verrez bientôt qu'il n'y a pas là de génies ; et d'ailleurs que jamais aucun Sage n'a employé ni cérémonies ni superstitions pour la familiarité des Génies, pas plus que pour les gens dont nous parlons.

Les kabbalistes ne font que par les principes de la nature : <u>and</u>s'il se trouve quelquefois dans nos livres certains mots, caractères ou fumigations étranges, c'est que pour cacher les principes philosophiques aux ignorants. Admirez la simplicité de la Nature, dans toutes ses opérations les plus merveilleuses ! Et dans cette simplicité, une Harmonie et un Accord si grands, si justes, et si nécessaires qu'ils vous feront rentrer malgré vous hors de vos faibles imaginations. Ce que je vais vous dire maintenant, nous l'enseignons à ceux de nos disciples, que nous ne laisserons pas entrer tout à fait dans le sanctuaire de la nature ; et à qui nous ne priverons cependant pas complètement de la Société des gens élémentaires, simplement par compassion que nous avons pour ces pauvres malheureux.

Les Salamandres (comme vous l'avez peut-être déjà compris) sont composées des parties les plus subtiles de la Sphère de Feu, conglobées et organisées par l'action du feu universel (au sujet duquel je vous divertirai un jour plus loin) ainsi appelées, parce qu'il est le principal de tous les mouvements de la nature.

Les Sylphes sont également composés des atomes les plus purs de l'air : les Nymphes des parties les plus délicates de l'eau, et les Gnomes des parties les plus subtiles de la Terre. Il y avait une grande proportion entre Adam et ces créatures si parfaites ; parce qu'ils sont composés de ce qu'il y a de plus pur dans les quatre éléments ; il comprenait la perfection de ces quatre sortes de personnes et était leur roi naturel. Mais depuis le temps que son péché le précipitait dans les excréments des éléments (comme vous le verrez plus loin) l'Harmonie était désordonnée, et il n'y avait plus de proportion, il étant devenu impur et ennuyeux à l'égard des substances si pures et si subtiles. . Quel remède à ce mal ? Comment remonter sur ce trône et récupérer cette souveraineté perdue ? Ô Nature ! Pourquoi t'étudient-ils si peu ? Ne comprends-tu pas, mon fils, avec quelle simplicité la nature peut rendre à l'homme les biens qu'il a perdus ? Hélas! Monsieur (répliquai-je), je suis très ignorant de toutes ces simplicités dont vous parlez. Mais pourtant (poursuivait-il), il est très facile de devenir connaisseur en eux.

Si nous voulons recouvrer cet empire sur les Salamandres, il nous faut purifier et exalter l'élément feu qui est en nous, et élever le ton de cette corde relâchée, il n'y a plus qu'à concentrer le feu du monde par des cordes concaves. miroirs dans un globe de verre. Et c'est là cette grande œuvre d'art que tous les anciens ont si religieusement cachée et que le divin Théophraste a découverte. Il se forme dans ce globe une poudre solaire, qui, purifiée d'elle-même du mélange des autres éléments, et préparée selon l'art, devient en très peu de temps souverainement propre à exalter le feu qui est en nous, et à nous rendre devenir (selon notre expression) d'une nature ardente. Dès lors les habitants de la sphère de feu deviennent nos inférieurs, et ravis de voir notre harmonie mutuelle rétablie et que nous nous rapprochions d'eux. Ils ont pour nous toute la bonté qu'ils ont pour leur espèce, tout le respect qu'ils doivent à l'image et au lieutenant de leur Créateur ; et tout le souci que peut manifester chez eux le désir d'obtenir par nous l'immortalité qu'ils désirent. Il est vrai que comme ils sont plus subtils que ceux des autres éléments, ils vivent très longtemps, aussi n'hésitent-ils pas à importuner les Sages pour les rendre immortels. Vous pouvez vous accommoder de l'une d'elles, si l' aversion dont vous m'avez témoigné ne dure pas jusqu'au bout : peut-être ne vous parlera-t-elle jamais de ce que vous craignez tant.

Il n'en sera pas de même des Sylphes, des Gnomes et des Nymphes, car ils vivent moins longtemps, ont plus besoin de nous, et ainsi leur familiarité est plus facile à obtenir. Il suffit de fermer un verre rempli d'air, d'eau ou de terre conglobés, et de l'exposer au soleil pendant un mois ; puis séparez l'élément selon l'art, ce qui est très facile à faire, que ce soit la terre ou l'eau. C'est une chose merveilleuse à voir, quelle vertu a chacun de ces éléments purifiés pour attirer les Nymphes, les Sylphes et les Gnomes. En prenant jamais si peu chaque jour, pendant environ un mois ensemble, on verra dans les airs la volante république des Sylphes ; les Nymphes viennent en bancs sur les rivières, et gardiennes des trésors, vous présentent leurs richesses. Ainsi, sans personnages, sans cérémonies, sans paroles barbares, vous devenez le maître absolu de tous ces gens. Ils n'exigent aucun culte des Sages, puisqu'ils savent bien qu'il est plus noble qu'eux . Ainsi la vénérable nature enseigne à ses enfants comment réparer les éléments par les éléments. Ainsi l'harmonie est rétablie. Ainsi l'homme retrouve son empire naturel et peut tout faire dans les éléments, sans démons ni art illégal. Ainsi tu vois, mon fils, que les Sages sont plus innocents que tu ne le pensais. Tu ne me dis rien———.

J'admire monsieur (dis-je), et je commence à craindre que vous ne me fassiez devenir chimiste. Ah ! Dieu te préserve de cela, mon enfant (s'écria-t-il). Ce n'est pas à ces folies que votre nativité vous destine, je vous garantis au contraire de ne vous en inquiéter : je vous l'ai déjà dit, les Sages ne montrent ces choses qu'à ceux qu'ils ne veulent pas admettre dans leur société. . Vous aurez tous ces avantages, et d'autres infiniment plus glorieux et plus agréables, par des voies nettement plus philosophiques. Je ne vous avais pas décrit ces méthodes, mais pour vous faire voir l'innocence de cette Philosophie, et vous sortir de ces peurs paniques.

Je remercie Dieu, monsieur (je répondis), je ne suis pas actuellement dans une telle peur que je l'étais encore maintenant. Et bien que je ne me décide pas encore sur l'accommodement que vous me proposez avec les Salamandres ; Je ne peux m'empêcher d'avoir la curiosité de savoir comment vous avez découvert que ces Nymphes et ces Sylphes meurent. En vérité, répondit-il, ils nous le disent, et nous les voyons mourir. Comment (dis-je) pouvez-vous les voir mourir, et pourtant votre commerce les rend immortels ? Ce serait bien (poursuivait-il) si le nombre des Sages était égal au nombre de ces gens-là : outre cela, il y en a beaucoup parmi eux qui préfèrent mourir plutôt que de risquer de devenir immortels, étant si malheureux qu'ils voient le les diables le sont. Et c'est le diable qui a inspiré ces opinions : car il n'y a aucun mal qu'il ne fasse pour empêcher les pauvres créatures de devenir immortelles par notre alliance. À tel point que je considère (et vous devriez aussi le faire, mon fils) comme une tentation très pernicieuse et un mouvement de très peu de charité, d'avoir cette aversion que vous lui témoignez.

D'ailleurs, quant à leur mort, dont vous parlez : qu'est-ce qui a obligé l'Oracle d'Apollon à dire que tous ceux qui parlent des Oracles étaient mortels, ainsi que lui ; comme le rapporte Porphyre ? Et que pensez-vous, que signifiait cette voix qui se faisait entendre sur toute la côte de l'Italie, et qui provoquait une si grande terreur chez tous ceux qui étaient sur la mer ? La Grande Pan est Morte ! C'étaient les gens de l'air : ils annonçaient aux gens de l'eau que le plus chef et le plus âgé de tous les Sylphes était récemment mort.

A cette époque où cette voix se fit entendre (lui dis-je), je suppose que le monde adorait Pan et les Nymphes : et que ces messieurs , dont vous me prêchez le commerce, étaient les faux dieux des païens. C'est vrai, mon fils, répondit-il, les Sages ont toujours été de cet avis que le Diable n'a jamais eu le pouvoir de se faire adorer. Il est trop malheureux et trop faible pour avoir jamais eu ce plaisir et cette autorité. Mais il a pu persuader les armées élémentaires de se montrer aux hommes et de leur faire ériger des temples ; et par la domination naturelle que chacun a sur l'élément qu'il habite, ils troublent l'air et la mer, mettent la terre en combustion et dispensent le feu du ciel, selon leur humeur : de sorte qu'ils n'avaient pas de grande peine à prendre pour des divinités, aussi longtemps que le souverain étant dispensateur du salut du monde. Mais le diable n'a jamais reçu tout l'avantage de sa méchanceté, qu'il espérait obtenir ; car il est arrivé de là que Pan, les Nymphes et le reste du peuple élémentaire, ayant trouvé le moyen de changer ce commerce du culte en un commerce d'amour ; (car vous vous souvenez peut-être que parmi les anciens, Pan était le roi de ces dieux qu'ils appelaient Incubes, et qui recherchaient toujours sincèrement la connaissance des servantes), de nombreux païens ont échappé au diable et ne brûleront jamais en enfer.

Je ne vous comprends pas bien, monsieur (dis-je). Vous ne vous souciez pas de me comprendre (continua-t-il en souriant et d'un ton moqueur). Voyez ce que vous négligez ! et de même ce que passent sous silence vos médecins, qui ne savent pas ce que veulent dire ces excellents médecins ! Voilà le grand mystère de toute cette partie de la philosophie, qui concerne les éléments, et qui vous enlèvera (si vous n'avez jamais si peu d'amour pour vous-même) cette répugnance pour la philosophie, dont vous m'avez témoigné aujourd'hui ! Sachez donc, mon fils ; et n'allez pas divulguer ce grand Arcane à un ignorant indigne. Sachez que, de même que les Sylphes acquièrent une âme immortelle, par l' alliance qu'ils contractent avec les hommes prédestinés ; ainsi aussi les hommes qui n'ont pas droit à la gloire éternelle : ces misérables, dont l'immortalité n'est qu'un lamentable avantage, pour qui le Messie a été envoyé,

Alors, messieurs de la Cabale, vous êtes également des jansénistes (l'interrompis-je ?). Nous ne savons pas ce que c'est, mon enfant (continua-t-il avec un peu de colère) et nous dédaignons de nous informer en quoi consistent les différentes sectes et les diverses religions avec lesquelles le les ignorants se perdent la tête. Nous nous en tenons à l'ancienne religion de nos pères, les Philosophes ; et il est très nécessaire que je vous instruise. Mais revenons au but : ces hommes dont la triste immortalité n'est qu'un éternel malheur ; les enfants malheureux, que le Souverain Père a négligés, ont aussi ce recours, pour devenir mortels, en contractant alliance avec ces gens élémentaires. Comme vous le voyez, les Sages ne risquent rien pour l'Éternité. S'ils sont prédestinés , ils ont le plaisir d'emporter avec eux au ciel (en sortant de la prison de ce corps) la Sylphide ou Nymphe, qu'ils ont immortalisée ! et s'ils ne sont pas prédestinés, le commerce de la Nymphe rend leur âme mortelle et les délivre des horreurs de la seconde mort. Ainsi le Diable a vu s'échapper tous les Païens qui s'alliaient aux Nymphes : ainsi les Sages, ou amis des Sages, quand Dieu nous inspire de communiquer à quelqu'un, les quatre secrets élémentaires (que je vous enseigne maintenant) , se libèrent du péril d'être damné.

Sans mentir, monsieur (m'écriai-je, n'osant pas le mettre de nouveau de mauvaise humeur, et trouvant nécessaire de différer de lui dire clairement mon opinion, jusqu'à ce que j'aurais découvert tous les secrets de sa Cabale, que je jugeai par cet aperçu.) , doit être très plein de plaisir et de divertissement) : sans mentir, vous avancez la sagesse à une grande hauteur ! Et vous aviez raison de me dire que cela surpassait tous nos médecins ; et je crois que cela passe également par tous nos magistrats ; et que s'ils pouvaient découvrir qui sont ceux qui ont échappé au diable par ce moyen (car l'ignorance est très injuste), ils s'engageraient dans l'intérêt du diable contre ces fugitifs et formeraient un parti fort pour lui. Oui, c'est pour cela, poursuivit le comte, que je vous ai si strictement commandé ; garder religieusement ce secret. Vos juges sont des personnes étranges. Ils condamnent un acte des plus innocents comme un crime lamentable. Quelle barbarie ce fut de brûler ces deux prêtres que le prince de Miranda dit connaître, et qui avaient chacun sa sylphide, pendant quarante ans ! Quelle chose inhumaine était-ce de mettre à mort Joan Hervilles, pour avoir travaillé quarante-six ans pour immortaliser un Gnome ! Et quelle ignorance de Bodin , pour la représenter comme une sorcière ; et que de là il pourrait profiter pour autoriser des erreurs populaires, touchant de prétendus sorciers ; dans un livre aussi impertinent que son Commonwealth est raisonnable.

Mais il est tard ; et je ne pense pas que vous n'ayez pas encore dîné. C'est vous-même que vous voulez dire, monsieur (dis-je), car quant à moi, je pourrais vous écouter jusqu'à demain, sans inconvénient. Pour moi! Hélas! (répliqua- t-il en riant et en se dirigeant vers la porte), on voit bien que vous comprenez peu ce qu'est la philosophie. Les Sages ne mangent que pour leur plaisir et jamais par nécessité. J'avais une idée tout contraire de la Sagesse (je répondis), j'avais pensé que vous, les sages, ne devriez jamais manger que pour satisfaire la nature. Vous êtes maltraité (dit le Comte). Combien de temps pensez -vous que nos Sages puissent subsister sans manger ? Comment puis-je le savoir ? (je répondis), Moïse et Elie, vous le savez, ont jeûné quarante jours : vous, les Sages, je n'en doute pas, pouvez le faire, quelques jours de moins. Quelle grande affaire ce serait, répondit-il ! Les hommes les plus sages qui aient jamais existé, le Divin, le presque adorable Paracelse, affirme qu'il a vu beaucoup de Sages jeûner vingt ans sans rien manger du tout. Lui-même, avant d'accéder à la monarchie de la sagesse, dont nous lui avons justement présenté le sceptre, il entreprendrait, dis-je, de vivre de nombreuses années sans manger, en ne prenant qu'un demi-scrupule de sa Quintescence Solaire. Et si vous voulez faire vivre quelqu'un sans victuailles, vous n'avez plus qu'à préparer la terre, comme je vous l'ai dit, pour la Société des Gnomes : cette terre appliquée au nombril, et renouvelé lorsqu'il est sec, fera vivre à chacun sans manger ni boire, et cela sans aucun problème.

Et l'usage de cette médecine catholique-cabalistique nous libère bien mieux de toutes les nécessités importunes, auxquelles la nature soumet l'ignorant ; nous ne mangeons que quand cela nous plaît ; et tout le superflu de nourriture s'éteignant par une transpiration insensible, nous n'avons jamais honte d'être des hommes. Là, il se taisait.

Dans des entretiens successifs, le comte de Gabalis explique en outre à son interlocuteur la nature et les poursuites des esprits élémentaires ; affirme que ce sont eux seuls, et non les vils dieux des Grecs et des Romains, qui ont délivré les oracles d'autrefois ; qu'ils veillaient continuellement sur l'homme pour lui rendre service et l'avertir de l'approche du mal. C'étaient eux qui lui envoyaient des présages et lui fournissaient l'intelligence pour les interpréter, et qui remplissaient son esprit de pressentiments lorsqu'une grande calamité le menaçait, afin qu'il puisse peut-être l'éviter. Ils lui envoyèrent également des rêves pour régler son destin. Mais « hélas », continue le Comte, « les hommes méconnaissent et rejettent par ignorance leur bonté. Un pauvre Sylphe ose à peine se montrer, de peur d'être pris pour un diablotin du mal ; une Ondine ne peut s'efforcer d'acquérir une âme immortelle, en aimant un homme, sans courir le risque d'être considérée comme un fantôme vil et impur ; et une Salamandre, si elle se montre dans sa gloire, est prise pour un diable , et la pure lumière qui l'entoure est considérée comme le feu de l'enfer. C'est en vain que, pour dissiper ces indignes soupçons, ils font le signe de la croix lorsqu'ils se présentent, et s'agenouillent lorsque le nom divin est prononcé. Tous leurs efforts sont inutiles. L'homme obstiné persiste à les considérer comme des ennemis de ce Dieu qu'ils connaissent et qu'ils adorent plus religieusement que les hommes. La prière que vous trouverez conservée par Porphyne, et qui était offerte dans le temple de Delphes pour l'éclairage des païens, était la prière d'une salamandre. En bref, sans continuer à citer les paroles du comte de Gabalis, il affirmait que toutes les apparences surnaturelles dont l'histoire de chaque époque et de chaque nation était pleine devaient être et ne pouvaient être expliquées que par l'action de ces esprits élémentaux. ; que les actes attribués aux diables, aux diablotins et aux sorcières étaient les créations d'une superstition fausse et dégradante, indigne d'être crue par les philosophes. Il n'y avait pas d'amis avec

"———des langues aériennes qui syllabent les noms des hommes
sur les sables, les rivages et les déserts."

mais des esprits bienfaisants, les amis de l'homme. Les *péris* du roman oriental, les *fées* , les *fatas* et les fées des légendes européennes, étaient des noms que , dans leur ignorance, les peuples des différents pays avaient donnés aux Sylphes. Vulcain, Bacchus et Pan, bien que les Grecs l'ignoraient, étaient des Gnomes ; Neptune et Vénus, et toutes les Naïades et Néréides, n'étaient que les Ondines des Rose-Croix ; Apollon était une Salamandre et Mercure une Sylphe ; et ce n'est pas un des personnages de la mythologie multiple des Grecs et des Romains, qui ne puisse être rangé dans l'une ou l'autre de ces classes.

CHAPITRE VII.

La romance hermétique ; ou Mariage Chimique.

ouvrage REMARQUABLE fut publié à Strasbourg, en 1616, intitulé « Le roman hermétique : ou les noces chimiques ». Écrit en haut néerlandais par Christian Rosencreutz. Bien que ce livre n'ait été distribué au monde que l'année ci-dessus, on dit qu'il existait sous forme manuscrite depuis un certain temps déjà, dès 1601, ce qui en fait le plus ancien livre rosicrucien existant. Un écrivain moderne dit : Toute la controverse rosicrucienne est centrée sur cette publication, que Buhle décrit comme un roman comique d'un talent extraordinaire.

En raison de son importance, nous devrons tirer de longs extraits de la traduction faite en 1690 par E. Foxcroft du King's College de Cambridge. Il est organisé en chapitres, appelés jours, marqués de un à sept.

Le premier jour.

Un soir avant le jour de Pâques, j'étais assis à une table et, comme j'en avais l'habitude, dans mon humble prière, j'ai suffisamment conversé avec mon Créateur et j'ai considéré plusieurs grands mystères (dont le Père des Lumières, Sa Majesté, m'en avait montré plusieurs).) et étant maintenant prêt à préparer dans mon cœur, avec mon cher agneau pascal, un petit gâteau sans levain et sans souillure ; tout à coup surgit une tempête si horrible, que je n'en imaginais pas d'autre que, par sa force puissante, la colline sur laquelle ma petite maison était fondée, volerait en morceaux. Mais dans la mesure où cela et d'autres choses semblables venant du diable (qui m'avait fait bien du mal) n'étaient pas une chose nouvelle pour moi ; J'ai pris courage et j'ai persisté dans ma méditation, jusqu'à ce que quelqu'un (d'une manière inhabituelle) me touche dans le dos ; sur quoi j'étais si profondément terrifié que j'osais à peine regarder autour de moi ; pourtant je me suis montré aussi joyeux que (dans des événements similaires) la fragilité humaine le permettait. Maintenant, la même chose me secouait encore plusieurs fois par le manteau, je me retournai, et voici, c'était une belle et glorieuse dame dont les vêtements étaient tous couleur ciel et curieusement (comme le ciel) parsemés d'étoiles d'or. Dans sa main droite , elle portait une trompette en or battu, sur laquelle était gravé un nom (que je pouvais bien lire), mais qu'il m'est encore interdit de révéler. Dans sa main gauche , elle avait un gros paquet de lettres de toutes les langues, qu'elle devait (comme je l'ai compris plus tard) porter dans tous les pays. Elle avait aussi de grandes et belles ailes, pleines d'yeux partout, avec lesquelles elle pouvait s'élever dans les airs et voler plus vite que n'importe quel aigle. J'aurais peut-être pu lui prêter davantage attention, mais comme elle restait si peu de temps avec moi et que la terreur et l'étonnement m'habitaient encore, j'étais obligé d'être content. Car dès que je me retournai, elle retourna et retourna ses lettres, et enfin en sortit une petite qu'elle déposa sur la table avec beaucoup de respect, et qui, sans dire un mot, me quitta. Mais en montant, elle fit sonner si fort sa vaillante trompette, que toute la colline en fit écho, et pendant un bon quart d'heure après, je pus à peine entendre mes propres paroles.

Dans une aventure aussi inattendue, je ne savais comment conseiller ou aider mon pauvre moi, et c'est pourquoi je me suis jeté sur mon âme kneeset j'ai supplié mon Créateur de ne permettre que rien de contraire à mon bonheur éternel ne m'arrive ; Sur quoi, avec crainte et tremblement, je me dirigeai vers la lettre qui était maintenant si lourde, comme si elle avait été de l'or, elle n'aurait guère pu être aussi lourde. Alors que je le regardais attentivement, je trouvai un petit sceau, sur quoi fut gravée une curieuse croix avec cette inscription IN HOC SIGNO VINCES.

Or, dès que j'aperçus ce signe, j'en fus d'autant plus consolé, que je n'ignorais pas qu'un tel sceau était peu acceptable, et encore moins utile au diable. Sur quoi j'ouvris tendrement la lettre et à l'intérieur, dans un champ d'azur, en lettres d'or, j'y trouvai les vers suivants écrits :

Aujourd'hui, ce jour, ceci, c'est
le mariage royal. Es-tu inclinable à cela par ta naissance, et conçu pour la joie de Dieu, alors puisses-tu tendre vers la montagne où se dressent trois temples majestueux, et là voir tout d'un bout à l'autre. fin.
Surveillez et protégez- vous ,
respectez-vous; à moins que vous ne vous baigniez avec diligence, le mariage ne peut pas vous sauver inoffensif: il causera des retards ici, qu'il se méfie, trop léger qui pèse.

En dessous se trouvaient Sponsus et Sponsa.

Dès que j'eus lu cette lettre, j'eus l'impression de m'évanouir, tous mes cheveux se dressèrent et une sueur froide coula sur tout mon corps. Car bien que j'aie bien compris que c'était le mariage fixé, dont j'avais eu connaissance sept ans auparavant dans une vision corporelle, et auquel j'avais maintenant si longtemps assisté avec beaucoup de sérieux, et qui enfin, d'après le compte et le calcul des planètes, J'avais observé très diligemment, j'avais constaté qu'il en était ainsi, mais je n'ai jamais pu prévoir que cela devait se produire dans des conditions aussi pénibles et périlleuses. Car alors que j'imaginais auparavant que pour être un invité bienvenu et acceptable, il me suffisait d'être prêt à me présenter au mariage ; J'étais maintenant dirigé vers la Divine Providence, dont jusqu'alors je n'étais jamais sûr. J'ai aussi découvert par moi-même, à mesure que je m'examinais, que dans ma tête il n'y avait que de grossières incompréhensions et un aveuglement dans les choses mystérieuses, de sorte que je n'étais pas capable de comprendre même ces choses qui se trouvaient sous mes pieds et dont je parlais quotidiennement. avec encore moins que je sois né pour la recherche et understandingles secrets de la nature ; car, à mon avis, la nature pourrait trouver partout un disciple plus *vertueux* , à qui confier ses trésors précieux, quoique temporaires et changeants. J'ai également découvert que mon comportement corporel, ma bonne conversation extérieure et mon amour fraternel envers mon prochain n'étaient pas dûment purgés et purifiés ; de plus, le chatouillement de la chair se manifestait, dont l'affection n'était orientée que vers la pompe, la bravoure et l'orgueil du monde, et non vers le bien de l'humanité ; et je cherchais toujours comment, grâce à cet art, je pourrais en peu de temps augmenter abondamment mon profit et mon avantage, élever des palais majestueux, me faire un nom éternel dans le monde, et autres desseins charnels similaires. Mais les mots obscurs concernant les Trois Temples m'ont particulièrement affligé, ce que je n'ai pu comprendre après spéculation et que je n'aurais peut-être pas encore pu comprendre, s'ils ne m'avaient pas été merveilleusement révélés. Ainsi coincé entre l'espoir et la peur, m'examinant encore et encore, et découvrant ma propre fragilité et mon impuissance, n'étant en aucune façon capable de me secourir, et extrêmement étonné des menaces mentionnées ci-dessus ; enfin je me remis à ma route habituelle et la plus sûre ; après avoir fini ma prière la plus sincère et la plus fervente, je me couchai dans mon lit, afin que par hasard mon bon ange, par la permission divine, puisse apparaître et (comme cela était arrivé auparavant) m'instruire sur cette affaire douteuse, qui aux yeux du monde la louange de Dieu, mon propre bien, et l'avertissement et l'amendement chaleureux et fidèles de mon prochain tombèrent également maintenant. Car à peine m'étais-je endormi que je pensais que, moi et une multitude innombrable d'hommes, nous étions enchaînés par de grandes chaînes dans un cachot sombre, où, sans le moindre aperçu de lumière, nous pullulions comme des abeilles les uns sur les autres, et ainsi rendu l'affliction de chacun plus grave. Mais bien que ni moi, ni aucun des autres ne puissions voir un seul trait ; pourtant j'entendais continuellement l'un se soulever au-dessus de l'autre, lorsque ses chaînes ou ses fers devenaient de moins en moins légers, bien qu'aucun de nous n'eût beaucoup de raisons de pousser l'autre, puisque nous étions tous des misérables captifs. Comme moi et les autres étions restés longtemps dans cette affliction, et que chacun reprochait encore à l'autre sa cécité et sa captivité, nous entendîmes enfin plusieurs trompettes sonner ensemble et des timbales battre si artificiellement, que cela ranima même et nous a réjouis dans notre calamité.

Pendant ce bruit, la couverture du donjon fut soulevée d'en haut, et un peu de lumière descendit vers nous. C'est alors qu'on aurait pu vraiment discerner l'agitation que nous entretenions, car tout allait pesle-mesle, et celui qui, par hasard, s'était trop soulevé, était retombé sous les pieds des autres. En bref, chacun s'efforçait d'être le plus haut, et moi-même je ne m'attardais pas, mais avec mes lourdes chaînes, je glissais de dessous les autres, puis je me hissais sur une pierre dont je m'emparais ; cependant, j'ai été plusieurs fois attrapé par d'autres, dont pourtant, du mieux que je pouvais, avec les mains et les pieds, je me gardais encore. Car nous n'en imaginions pas d'autre que que nous serions tous mis en liberté, ce qui s'est passé tout autrement. Car après que les nobles, qui nous regardaient d'en haut à travers le trou, eurent un moment recréé avec cela nos luttes et nos lamentations, un certain ancien à la tête blanche, nous appela à nous taire, et, l'ayant à peine obtenu, commença (comme Je me souviens encore) ainsi dire :—

Si l'humanité misérable s'abstenait de
se maintenir ainsi ,
alors certainement, elle leur accorderait beaucoup de bien, ma juste mère le ferait.
Mais comme cela ne les dérangera pas, ils doivent être dans la souffrance et le chagrin ,
et toujours en prison. Cependant, ma chère mère surveillera
leurs folies ,
ses dons les plus précieux lui permettant d'être encore trop dans la Lumière.
Bien que cela puisse paraître très rarement
Afin qu'ils gardent encore une certaine estime ,
qui autrement passerait pour un faux. C'est pourquoi, en l'honneur de la fête, nous célébrons aujourd'hui, afin que sa grâce augmente, une bonne action qu'elle inventera, car maintenant une corde sera baissée, et
quiconque 'er peut s'y accrocher,
doit être libéré librement.

Il avait à peine fini de parler, qu'une ancienne matrone ordonna à ses serviteurs de faire descendre sept fois la corde dans le donjon et d'attirer quiconque pourrait s'y accrocher. Bon dieu! que je pourrais suffisamment décrire la hâte et l'inquiétude qui surgirent alors parmi nous, car chacun s'efforçait d'atteindre la corde, et pourtant ne faisait que se gêner. Mais au bout de sept minutes, un signal fut donné par une petite cloche, après quoi, au premier coup de sonnette, les domestiques en tirèrent quatre. À ce moment-là, je ne pouvais pas beaucoup m'approcher de la corde, et, pour mon immense malheur, je me suis accroché à une pierre du mur du donjon, et j'ai ainsi été incapable d'atteindre la corde qui descendait au milieu. La corde fut lâchée une deuxième fois, mais les plongeurs, parce que leurs chaînes étaient trop lourdes et leurs mains trop tendres, ne purent maintenir la corde, mais avec eux-mêmes en abattirent beaucoup d'autres, qui d'autre, peut-être, auraient pu tenir bon. assez; bien plus, beaucoup ont été arrachés de force par un autre qui ne pouvait pourtant pas y parvenir lui-même ; nous étions mutuellement envieux, même dans notre grande misère. Mais ce sont eux, parmi tous les autres, qui ont le plus ému ma compassion, dont le poids était si lourd qu'ils s'arrachaient les mains jusqu'au corps, sans toutefois pouvoir se relever. Il arriva donc qu'à ces cinq reprises, très peu furent rédigés. Car dès que le signe était donné, les serviteurs étaient si agiles au trait, que la plupart tombaient les uns sur les autres, et la corde, cette fois surtout, était tirée très vide. Alors la plupart, et moi-même, désespérions de la Rédemption et invoquaient Dieu pour qu'il ait pitié de nous et (si possible) nous délivre de cette obscurité, qui alors aussi entendit certains d'entre nous : car lorsque la corde Je suis redescendu une sixième fois, quelques-uns d'entre eux s'y sont accrochés solidement, et tandis qu'en remontant la corde se balançait d'un côté à l'autre, elle (peut-être par la volonté de Dieu) est venue vers moi, que j'ai tout à coup attrapée. s'est imposé au-dessus de tous les autres, et ainsi est finalement sorti au-delà de tout espoir ; ce à quoi je me réjouis extrêmement, de sorte que je ne m'aperçus pas de la blessure que, lors du dessin, j'avais reçue sur ma tête par une pierre pointue, jusqu'à ce que moi et les autres qui fussent libérés (comme cela se faisait toujours auparavant), je fus obligé d'aider au septième. et dernière traction, au cours de laquelle, à force d'efforts, le sang coula sur tous mes vêtements, ce que pourtant, par joie, je ne regardais pas. Maintenant que la dernière mouture à laquelle était accrochée la plupart de tous fut terminée, la matrone fit ranger la corde et demanda à son vieux fils (ce que je m'étonnais beaucoup) de déclarer sa résolution au reste des prisonniers, qui après avoir eu un peu réfléchi, il leur parla ainsi :

Vous, mes chers enfants,
tous présents ici, ce qui n'est que maintenant complet et fait, a été résolu depuis longtemps : ce que ma mère de grande grâce a montré à chacun des deux côtés ici
, que le mécontentement ne soit jamais égaré ; le temps joyeux approche,
Quand tout le monde sera égal,
aucun n'est riche, aucun n'est dans la misère.
Celui qui a jamais reçu de grands commandements a
suffisamment de travail pour remplir ses mains. Celui qui a reçu beaucoup de confiance, c'est bien s'il peut sauver sa peau.
C'est pourquoi vos lamentations cessent ,
Qu'est-ce que d'attendre quelques jours.

Dès qu'il eut fini de parler, le couvercle fut de nouveau remis et verrouillé, et la trompette et les timbales recommencèrent, mais leur bruit ne pouvait être si fort sans que les lamentations amères des prisonniers qui s'élevaient dans le cachot était avant tout, ce qui m'a bientôt fait déborder les yeux. Peu de temps après, l'ancienne matrone, avec son fils, s'est assise sur des sièges préalablement préparés et a commandé que le Racheté soit informé . Dès qu'elle comprit le numéro et l'eut noté sur une tablette jaune d'or, elle demanda le nom de chacun, qui était également écrit sur une petite page ; après nous avoir tous vus l'un après l'autre, elle soupira et parla à son fils, afin que je puisse bien l'entendre. 'Ah ? comme je suis sincèrement affligé pour les pauvres hommes du donjon ! Je le voudrais à Dieu, j'oserais les relâcher tous », ce à quoi répondit son fils ; « C'est, mère, ainsi ordonné de Dieu, contre qui nous ne pouvons pas lutter. Si nous étions tous seigneurs, possédions tous les biens de la terre et si nous étions assis à table, qui serait alors pour assurer le service ? sur quoi sa mère garda le silence, mais peu après elle dit : "Eh bien, cependant, qu'ils soient libérés de leurs chaînes", ce qui fut également fait bientôt, et moi, à l'exception de quelques-uns, j'étais le dernier, mais je ne pouvais pas m'abstenir, mais (bien que je regardais toujours le reste) je m'inclinai devant l'ancienne matrone, et remercia Dieu que, par son intermédiaire, il s'était gracieusement et paternellement daigné me faire sortir de ces ténèbres vers la lumière : après moi, les autres firent de même, à la satisfaction de la matrone. Enfin, chacun reçut une pièce d'or en souvenir et à dépenser en chemin ; d'un côté était marqué le soleil levant, de l'autre (si je me souviens bien) ces trois lettres DLS, et avec elles chacun avait le droit de partir, et fut envoyé à sa propre affaire, avec cette indication en annexe, que nous au La gloire de Dieu devrait profiter à nos voisins et réserver en silence ce qui nous avait été confié, ce que nous avions également promis de faire, et ainsi nous nous sommes séparés les uns des autres. Mais à propos des blessures que m'avaient causées les chaînes, je ne pouvais pas bien avancer, mais je m'arrêtai sur les deux pieds, ce que la matrone, apercevant tout à coup, en riant et m'appelant de nouveau près d'elle, me dit ainsi : Mon fils. , que ce défaut ne t'afflige pas, mais rappelle-toi tes infirmités, et par là remercie Dieu qui t'a permis même dans ce monde et dans l'état de ton imperfection d'apparaître dans une si haute lumière, et garde ces blessures pour moi. . Sur quoi les trompettes recommencèrent à sonner, ce qui m'effraya tellement que je me réveillai, et alors je compris d'abord que ce n'était qu'un rêve, qui cependant était si fortement imprimé dans mon imagination, que j'en étais encore perpétuellement troublé, et je pensais que j'étais mais je suis sensible aux blessures à mes pieds. Cependant, par toutes ces choses, je comprenais bien que Dieu m'avait permis d'assister à ces noces mystérieuses et cachées ; c'est pourquoi, avec une confiance d'enfant, je revins grâce à sa Divine Majesté, et le priai de me préserver davantage dans cette crainte, de remplir quotidiennement mon cœur de sagesse et de compréhension, et enfin de me conduire gracieusement (sans mon mérite) jusqu'au bout désiré. Là-dessus, je me préparai pour le chemin, enfilai mon habit de lin blanc, ceignis mes reins d'un ruban rouge sang, noué en travers sur mon épaule ; J'ai mis dans mon chapeau quatre roses rouges, afin de pouvoir ainsi être plus tôt remarqué parmi la foule. Pour me nourrir, je prenais du pain, du sel et de l'eau, que, sur le conseil d'une personne sensée, j'avais parfois utilisé, non sans profit, dans des circonstances semblables.

Avant de quitter ma chaumière, je portai d'abord cette robe et cet habit de noces, je tombai à genoux et priai Dieu que, dans le cas où une telle chose se produirait, il m'accorderait une bonne issue. Et là-dessus, devant Dieu, j'ai fait le vœu que si quelque chose m'était révélé par sa grâce, je ne l'emploierais ni à mon honneur ni à mon autorité dans le monde, mais à la propagation de son nom et aux services. de mon voisin. Et avec ce vœu et cette bonne espérance, je suis sorti de ma cellule avec joie.

Le deuxième jour.

A peine sorti de ma cellule, dans une forêt, je pensais que le ciel tout entier s'était déjà préparé à ce mariage, car même les oiseaux, à mon avis, chantaient plus agréablement qu'auparavant, et les jeunes faons sautillaient si joyeusement qu'ils réjouissaient mon vieux cœur, et m'a poussé à chanter. Enfin, j'aperçus une curieuse bruyère verte, où je m'éloignai de la forêt. Sur la lande se dressaient trois grands cèdres, à l'un desquels était fixée une tablette sur laquelle était écrite une curieuse écriture, offrant à celui qui avait entendu parler des noces du roi, quatre chemins, qui mèneraient tous à la cour royale. Le lecteur était exhorté à choisir lequel il voulait et à persévérer dans ce choix, en étant averti en même temps des dangers auxquels il s'exposerait. Dès que j'eus lu cet écrit, toute ma joie fut presque de nouveau disparue, et moi qui auparavant chantais joyeusement, je commençai maintenant intérieurement à me lamenter, car bien que j'aie vu les trois voies devant moi et compris que désormais il m'était garanti faire le choix de l'un d'entre eux ; Pourtant, cela me troublait de savoir que si j'empruntais un chemin orageux et rocailleux, je pourrais faire une chute misérable et mortelle ; ou en prenant le long, je pourrais m'en éloigner par des chemins détournés, ou être autrement retenu dans le grand voyage. Je n'osais pas non plus espérer être celui-là même qui choisirait la voie royale. Je vis également le quatrième devant moi, mais il était tellement enveloppé de feu et d'exhalaisons, que je n'osai pas m'en approcher, et c'est pourquoi je réfléchis encore et encore si je devais revenir en arrière ou prendre l'un des chemins devant moi. J'ai immédiatement sorti mon pain et j'en ai coupé une tranche qu'une colombe blanche comme neige, dont je ne connaissais pas l'existence, assise sur l'arbre, a aperçu et est alors descendue et s'est adressée très familièrement à moi, à qui j'ai volontiers confié mon la nourriture qu'elle reçut, et ainsi, grâce à sa beauté, me rafraîchit un peu. Mais dès que son ennemi, un corbeau noir, l'apercevait, il se précipitait aussitôt sur la colombe, et ne faisant pas attention à moi, il lui fallait chasser la viande de la colombe, qui ne pouvait se protéger autrement que par la fuite ; sur quoi ils s'enfuirent tous les deux vers le sud, ce qui me frappa si profondément et si profondément attristé que, sans réfléchir à ce que je faisais, je me précipitai après le corbeau crasseux et courus contre mon gré dans l'un des chemins mentionnés ci-dessus sur toute la longueur d'un champ. Et ainsi le corbeau étant chassé et la colombe délivrée, je remarquai alors d'abord ce que j'avais fait inconsidérément, et que j'étais déjà entré dans une voie d'où, sous le risque d'un grand châtiment, je n'osais me retirer, et bien que j'avais encore de quoi me réconforter dans une certaine mesure, mais ce qui était le pire pour moi était que j'avais laissé mon sac et mon pain à l'arbre et que je ne pouvais plus jamais les récupérer. Enfin, sur une haute colline, j'aperçus au loin un portail majestueux auquel, peu importe à quelle distance il était éloigné, je me hâtai, car le soleil s'était déjà caché sous les collines, et je ne pouvais apercevoir ailleurs aucun endroit où se loger, et cela en vérité. J'attribue seulement à Dieu, qui aurait bien pu me permettre d'avancer de cette manière, et qui aurait retenu mes yeux pour que j'aurais pu regarder à côté de cette porte, vers laquelle je me suis maintenant précipité en toute hâte, et y suis arrivé avec tant de lumière du jour. , au point d'en avoir un point de vue très compétent. C'était maintenant un magnifique portail royal. Dès que je fus arrivé en dessous , quelqu'un en sortit, vêtu d'un habit couleur ciel, que je saluai amicalement, et bien qu'il me le rendit avec reconnaissance, il me demanda aussitôt ma lettre d'invitation. Oh, comme j'étais heureux de l'avoir ensuite apporté avec moi. Je le lui présentai rapidement, ce dont non seulement il fut satisfait, mais me montra beaucoup de respect, en me disant : entre, mon frère, tu es pour moi un hôte agréable ; et il me supplia de ne pas lui cacher mon nom. Maintenant, ayant répondu que j'étais un frère de la Croix-Rouge, il s'en étonna et parut s'en réjouir, puis il poursuivit ainsi : Mon frère, n'avez-vous rien sur vous pour acheter un jeton ? Je lui ai répondu que mes capacités étaient limitées, mais que s'il voyait quelque chose en moi qu'il avait envie de faire, c'était à son service. Maintenant qu'il m'a demandé ma bouteille d'eau, et je l'ai accordée, il me donne un jeton en or, sur lequel ne figuraient plus que ces deux lettres SC, me suppliant que lorsque cela me serait utile, je me souviendrais de lui. Après quoi je lui ai demandé combien étaient montés avant moi, ce qu'il m'a également dit, et enfin, par simple amitié, il m'a remis une lettre cachetée au deuxième portier. Après s'être attardé quelque temps avec lui, la nuit tomba, sur quoi une grande balise fut immédiatement allumée sur la porte , afin que, si quelqu'un était encore en route, il puisse s'y rendre en toute hâte. Enfin, après des informations suffisantes et une instruction avantageuse, je quittai amicalement le premier porteur. En chemin, cependant, j'aurais volontiers su ce qui était écrit dans ma lettre, mais comme je n'avais aucune raison de me méfier du porteur, j'ai renoncé à mon projet et j'ai continué ainsi mon chemin jusqu'à ce que j'arrive également à la deuxième porte qui bien qu'il ressemblait beaucoup à l'autre, il était pourtant orné d'images et de significations mystiques. Sous cette porte gisait un terrible lion sinistre, enchaîné, qui dès qu'il m'a aperçu s'est levé et m'a attaqué avec de grands rugissements : sur quoi le deuxième porteur, qui gisait sur une pierre de marbre, s'est réveillé et a souhaité que je ne sois pas troublé ou effrayé, puis repoussa le lion, et ayant reçu la lettre que je lui parvins en tremblant, il la lut, et avec un très grand respect, me parla ainsi ; Maintenant, bien, au nom de Dieu, viens à moi l'homme que j'aurais volontiers vu depuis longtemps . Pendant ce temps, il sortit également un jeton et me demanda si je pouvais l'acheter. Mais comme je n'avais rien d'autre que mon sel, je le lui présentai, ce qu'il accepta avec reconnaissance. Sur ce jeton ne figuraient encore que deux lettres, à savoir : SM. Etant maintenant sur le point d'entamer une conversation avec lui, elle se mit à sonner dans le château, sur quoi le portier me conseilla de courir à toute allure, sinon toutes les peines et tous les travaux que j'avais pris jusqu'ici. cela ne servirait à rien, car les lumières au-dessus commençaient toutes prêtes à s'éteindre ; sur quoi j'expédiai avec une telle hâte que je ne fis pas attention au portier, j'étais dans une telle angoisse, et en vérité ce n'était que nécessaire, car je ne pouvais pas courir si vite sans que la Vierge, après laquelle toutes les lumières s'éteignirent, ne soit là. mes talons, et je n'aurais jamais trouvé le chemin, si elle, avec sa torche, ne m'avait fourni un peu de lumière. Je fus en outre obligé d'entrer par la porte la plus proche d'elle, et la porte fut fermée si brusquement qu'une partie de mon habit fut fermée à clé, et j'étais en vérité obligé de la laisser derrière moi, car ni moi ni ceux qui se tenaient prêts sans le faire. et appelé à la porte put convaincre le portier de la rouvrir, mais il remit les clés à la Vierge, qui les emporta avec elle dans la cour. Sous cette porte, je devais encore donner mon nom, qui fut cette dernière fois écrit sur un petit livre de vélin, et immédiatement envoyé avec le reste au Seigneur Époux. C'est ici que je reçus pour la première fois le véritable jeton d'invité, qui était un peu plus petit que le premier, mais pourtant beaucoup plus lourd ; dessus se trouvaient trois lettres SPN. En outre, une nouvelle paire de chaussures m'a été donnée , car le sol du château était recouvert de marbre pur et brillant ; mes vieilles chaussures, je devais céder la place à l'un des pauvres qui étaient assis en foule sous la porte. Deux pages, avec autant de torches, me conduisirent alors dans une petite chambre ; là, ils voulurent que je m'asseye sur une forme, ce que je fis, mais eux, plantant leurs torches dans deux trous du trottoir, s'en allèrent et me laissèrent ainsi seul. Peu de temps après, j'ai entendu du bruit, mais je n'ai rien vu, et ce sont certains hommes qui sont tombés sur moi ; mais comme je ne pouvais rien voir, j'étais obligé de souffrir et d'assister à ce qu'ils feraient de moi, mais les percevant bientôt comme des barbiers, je les suppliai de ne pas me traiter ainsi, car j'étais content de faire ce qu'ils voulaient, sur quoi ils s'empressèrent de le faire. laissez-moi partir, et l'un d'eux coupa donc finement et doucement les cheveux tout autour du sommet de ma tête, mais sur mon front, mes oreilles et mes yeux, il laissa pendre mes mèches grises.

Dans cette première rencontre, j'étais prêt à désespérer, car dans la mesure où certains d'entre eux me bousculaient avec tant de force, et que je ne voyais encore rien, je ne pouvais penser d'autre que que Dieu, par curiosité, m'avait permis d'avorter. Or, ces barbiers invisibles ramassaient soigneusement les cheveux coupés et les emportaient avec eux. Après quoi les deux pages revinrent et se moquèrent de bon cœur de ma terreur. Mais à peine ils m'avaient dit quelques mots, qu'une petite cloche se remit à sonner, qui devait donner l'ordre de se rassembler, après quoi ils me demandèrent de me lever, et à travers de nombreuses allées, portes et escaliers en colimaçon, ils m'éclairèrent dans une salle spacieuse. Dans cette salle se trouvait une grande multitude d'invités, empereurs, rois, princes et seigneurs, nobles et ignobles, riches et pauvres, et toutes sortes de gens, ce qui m'émerveilla énormément et me dis : ah, quel imbécile. as-tu dû entreprendre ce voyage avec tant d'amertume et de labeur, alors qu'il y a même ces gars que tu connais bien, et pourtant tu n'as jamais eu aucune raison d'estimer. Ils sont maintenant tous ici, et toi, avec toutes tes prières et supplications, tu es à peine entré enfin. C'est ce que le diable a injecté à ce moment-là, et bien plus encore, à qui j'ai néanmoins (du mieux que je pouvais) dirigé vers ce problème. Pendant ce temps, l'un ou l'autre de mes connaissances me disait ici et là : Ô frère Rosencreutz ! es -tu ici aussi ? Oui, mes frères, répondis-je, la grâce de Dieu m'a aidé aussi ; ce à quoi ils éclatèrent de rire, trouvant ridicule qu'il y ait besoin de Dieu dans une si légère occasion. Après avoir demandé à chacun d'eux quel était son chemin, et constaté que la plupart étaient forcés de grimper sur les rochers, certaines trompettes (dont nous n'avons vu aucune) commencèrent à sonner à table, sur quoi ils s'assirent tous, chacun comme il se jugeait au-dessus. le reste, de sorte que pour moi et quelques autres malheureux, il ne restait presque plus un petit coin à la table la plus basse. Bientôt les deux pages entrèrent, et l'un d'eux dit grâce ; Après que cette viande fut apportée, et bien qu'on ne pût en voir aucune, tout fut si ordonné qu'il me sembla que chaque invité avait son propre serviteur. Maintenant que mes artistes s'étaient quelque peu recrutés, et que le vin avait un peu enlevé la honte de leur cœur, ils commencèrent alors à vanter et à se vanter de leurs capacités. L'un prouvait ceci, l'autre cela, et généralement les idiots les plus désolés faisaient le plus de bruit. Ah ! quand je me rappelle les entreprises surnaturelles et impossibles que j'ai entendues alors, j'ai encore envie d'en vomir. Enfin ils ne restaient jamais dans leur ordre, mais chaque fois qu'un coquin par-ci, un autre par-là, pouvait s'insinuer entre les nobles ; puis ils prétendirent achever des aventures que ni Sampson ni Hercule, de toutes leurs forces, n'auraient jamais pu réaliser. Cela déchargerait Atlas de son fardeau ; l'autre tirerait à nouveau de l'enfer Cerbère à trois têtes. Bref, chacun avait ses bêtises, et pourtant les grands seigneurs étaient si simples qu'ils croyaient à leurs prétentions, et les coquins si audacieux, que, bien que l'un ou l'autre se fût çà et là se frappait les doigts avec un couteau, ils n'en bronchaient pas, mais si quelqu'un par hasard avait volé une chaîne en or, alors tous risquaient la même chose. J'en ai vu un qui entendait le bruissement du ciel. Le second pouvait voir les idées de Platon. Un troisième pourrait compter les atomes de Démocrite. Il n'y avait pas non plus quelques prétendants au mouvement perpétuel. Beaucoup de gens (à mon avis) avaient une bonne compréhension, mais en supposaient trop pour eux-mêmes, au risque de leur propre destruction. Enfin, il y en avait un aussi qui aurait eu besoin de nous persuader d'emblée qu'il avait vu les serviteurs qui étaient présents, et qui aurait quand même poursuivi son argument, si un de ces serveurs invisibles ne lui avait pas remis une si belle manchette sur son museau couché, que non Lui seul, mais beaucoup de ceux qui étaient à ses côtés devinrent aussi muets que des souris. Mais ce qui me plaisait le plus, c'est que tous ceux que j'avais quelque estime étaient très tranquilles dans leurs affaires et n'en faisaient pas grand bruit, mais se reconnaissaient comme des hommes *incompris* , pour qui les mystères de la nature étaient trop élevés. , et eux-mêmes beaucoup trop petits. Dans ce tumulte, j'avais presque maudit le jour où je suis venu ici, car je ne pouvais qu'avec angoisse voir ces gens obscènes et vaniteux être là-haut à la table, mais moi, dans un endroit si triste, je ne pouvais cependant pas reposer en paix, un de ces coquins qui me reprochent avec mépris d'être un imbécile hétéroclite. Or, je ne pensais pas qu'il y avait encore une porte derrière nous par laquelle nous devions passer, mais je m'imaginais que, pendant tout le mariage, je continuerais dans ce mépris, ce mépris et cette indignité, que pourtant je n'avais à aucun moment mérités, ni de la part du Seigneur. L'époux ou la mariée, et donc (à mon avis) il aurait dû bien faire de chercher un autre imbécile que moi pour son mariage. Voici, à une telle impatience l'iniquité de ce monde réduit les cœurs simples. Mais c'était là en réalité une partie de ma boiterie dont je rêvais. Et en vérité cette clameur, plus elle durait, plus elle augmentait. Car il y avait déjà ceux qui se vantaient de visions fausses et imaginaires et qui voulaient nous persuader de rêves manifestement mensongers. Or, était assis à côté de moi un très bel homme tranquille, qui discutait souvent d'excellentes choses, et enfin il dit : Voici, mon frère, si quelqu'un devait venir maintenant et vouloir instruire ces gens bloqués dans la bonne voie, serait-il entendu? Non, en vérité, répondis-je. Le monde, dit-il, est maintenant résolu (quoi qu'il arrive) à être trompé, et ne peut supporter d'écouter ceux qui veulent son bien. Voyez-vous aussi ce même fat, avec quelles figures fantaisistes et avec quelles vanités insensées il attire les autres vers lui. Là, on fait la gueule aux gens avec des paroles mystérieuses inouïes. Pourtant, croyez-moi, le moment vient maintenant où ces honteux Vizards seront arrachés, et le monde entier saura quels imposteurs vagabonds se cachaient derrière eux. Alors peut-être sera valorisé ce qui n'est pas valorisé à l'heure actuelle. Alors commença dans la salle une musique si excellente et si majestueuse que, dans tous les jours de ma vie, je n'en ai jamais entendu de pareille. Au bout d'une demi- heure, cette musique cessa. Peu de temps après, un grand bruit de tambours de bouilloire , de trompettes, etc. commença. La porte s'ouvrit d'elle-même et plusieurs milliers de petites bougies entrèrent dans la salle, qui marchaient toutes dans un ordre si précis que nous nous étonnâmes complètement, jusqu'à ce qu'enfin les deux premiers. Les pages mentionnées avec des torches lumineuses, éclairant une très belle vierge, le tout dessiné sur un trône triomphant et auto-mobile glorieusement doré, entrèrent dans la salle. Il me sembla que c'était celle-là même qui, en chemin, avait allumé et éteint les lumières, et que ses servantes étaient précisément celles-là mêmes qu'elle plaçait autrefois près des arbres. Elle n'était plus comme auparavant dans la couleur du ciel, mais vêtue d'une robe blanche comme neige scintillante qui scintillait d'or pur et jetait un tel éclat que nous n'osions pas la contempler régulièrement.

Les invités qui choisissaient de rester toute la nuit, après avoir annoncé leur intention de le faire, étaient attachés dans leurs chambres avec des cordes, de telle manière qu'ils ne pouvaient en aucun cas se libérer. Enfin, dans mes pensées douloureuses, je m'endormis.

Le troisième jour.

Le lendemain tout étant réuni , les Trompettes, etc., recommencèrent à sonner et nous imaginâmes que l'Époux était prêt à se présenter, ce qui était pourtant une énorme erreur. Car c'était encore la Vierge d'hier qui s'était parée de velours rouge et ceinte d'un foulard blanc. Son cortège n'était plus constitué de petites cierges, mais se composait de deux cents hommes attelés, tous vêtus de rouge et de blanc. Dès qu'ils furent descendus du trône, elle s'avança droit vers nous prisonniers, et après nous avoir salués, elle dit en quelques mots : Que certains d'entre vous aient été sensibles à leur misérable condition plaît énormément à mon très puissant seigneur. , et il est également résolu que vous vous en sortirez mieux. Et m'ayant aperçu dans mon habit, elle rit et dit : bon manque ! As-tu toi aussi soumis au joug ? J'imaginais que tu te serais mis très à l'aise, et ces mots me firent couler les yeux. Après quoi elle ordonna que nous soyons détachés, attelés ensemble et placés dans une station où nous pourrions voir la balance, car, dit-elle, cela pourrait encore mieux se passer pour eux que pour les présomptueux qui se tiennent ici en liberté. Pendant ce temps, la balance, entièrement en or, était accrochée au milieu de la salle. Il y avait aussi une petite table recouverte de velours rouge et sept poids posés dessus. Il y en avait d'abord un assez grand, puis quatre petits, et enfin deux grands séparément ; et ces poids, proportionnellement à leur volume, étaient si lourds que personne ne peut le croire ou le comprendre. La Vierge s'étant élancée sur son trône élevé, l'un des pages ordonna à chacun de se placer selon son ordre, et de monter l'un après l'autre sur la balance. L'un des empereurs n'en fit aucun scrupule, mais il s'inclina d'abord un peu vers la Vierge, puis, dans tous ses atours majestueux, il monta, après quoi chaque capitaine déposa son poids et, à la surprise de tous, il se leva. dehors. Mais ce dernier était trop lourd pour lui, de sorte qu'il dut sortir, et avec une telle angoisse que la Vierge elle-même eut pitié de lui, mais le bon empereur fut lié et livré à la sixième bande. Vint ensuite un autre empereur, qui monta fièrement sur la balance et, ayant un gros livre épais sous sa robe, il imaginait ne pas échouer ; mais étant à peine capable de supporter le troisième poids, et étant impitoyablement jeté à terre, et son livre dans cet effroi lui échappant, tous les soldats se mirent à rire, et il fut livré lié à la troisième bande. Il en fut ainsi pour quelques autres empereurs. Après eux apparut un petit homme de petite taille avec une barbe frisée, un empereur aussi, qui, après le respect habituel, se leva aussi et résista si fermement, que je pensais que s'il y avait eu plus de poids prêts, il les aurait surpassés ; vers qui la Vierge se leva aussitôt et s'inclina devant lui, lui faisant revêtir une robe de velours rouge, et lui tendit enfin une branche de laurier, en ayant une bonne réserve sur son trône, sur les marches duquel elle le voulait. s'asseoir. Après lui, il serait trop long de raconter comment cela se passa avec le reste des empereurs, des rois et des seigneurs, mais je ne peux passer sous silence que peu de ces grands personnages ont résisté. Après que l'inquisition eut également passé en revue la noblesse, les savants et les ignorants, et le reste, et dans chaque condition peut-être un, peut-être deux, mais pour la plupart aucun, ne fut trouvé parfait, il arriva enfin à ces honnêtes messieurs, les vagabonds tricheurs et les coquins Lapidem Spitalanficum, qui ont été mis sur la balance avec un tel mépris que moi-même, malgré tout mon chagrin, j'étais prêt à éclater de rire, et les prisonniers eux-mêmes ne pouvaient pas non plus s'empêcher, pour la plupart ne pouvaient pas supporter cela. une épreuve sévère, mais avec des fouets et des fouets, ils furent retirés de la balance et conduits vers les autres prisonniers. Ainsi, d'une si grande foule, il en restait si peu, que j'ai honte de découvrir leur nombre.

L'Inquisition étant complètement terminée, et seuls nous, pauvres chiens accouplés, nous tenions à l'écart, enfin un des capitaines s'avança et dit : Gracieuse Madame, s'il plaît à Votre Seigneurie, que ces pauvres hommes qui ont reconnu leur incompréhension soient mis sur la balance. aussi sans qu'ils encourent aucun danger de pénalité, et seulement pour le plaisir, si par hasard on trouve parmi eux quelque chose de juste. Nous étions déliés et avons été mis en place l'un après l'autre. Mon compagnon fut le cinquième qui résista vaillamment, sur quoi tous, mais surtout le capitaine, l'applaudirent, et la Vierge lui témoigna le respect habituel. J'étais le huitième. Or, dès que (en tremblant) je m'avançai, mon compagnon, déjà assis dans son velours, me regarda amicalement, et la Vierge elle-même sourit un peu. Mais comme je dépassais tous les poids, la Vierge leur ordonna de me relever de force, c'est pourquoi trois hommes pendaient en outre de l'autre côté de la poutre, et pourtant rien ne pouvait prévaloir. Sur quoi l'un des pages se leva immédiatement et s'écria très fort : C'EST LUI, ce à quoi l'autre répondit, puis laissa-le gagner sa liberté, ce à quoi la Vierge accéda, et étant reçu avec les cérémonies dues, le choix me fut donné d'en libérer un. des captifs, qui me plaisait. Ensuite, un conseil des sept capitaines et de nous fut convoqué, et l' affaire fut proposée par la Vierge en tant que présidente, qui demandait à chacun de donner son avis sur la façon dont les prisonniers devaient être traités.

L'histoire est longue, et nous ne devons présenter le reste que sous forme de grandes lignes. Il continue en disant que les types de punitions à infliger aux prisonniers furent alors discutés et arrangés, après quoi un autre banquet eut lieu, au cours duquel ces captifs furent invités à avouer qu'ils étaient des tricheurs et des vagabonds, ce qu'ils acceptèrent après quelques protestations. à, appelant en même temps à la grâce qui fut refusée, bien que des variations dans les degrés de punition aient été promises.

Lorsque toutes les phrases furent exécutées, apparut « une belle licorne blanche comme neige avec un collier doré autour du cou. Au même endroit, il s'inclina sur ses deux pieds de devant, comme s'il eût par là fait honneur au Lyon, qui se tenait si immobile sur la fontaine, que je le pris pour être de pierre ou d'airain, qui prit aussitôt l'épée nue. , qu'il découvrit dans sa patte et le brisa en deux au milieu, dont les morceaux, à mon avis, s'enfoncèrent dans la fontaine, après quoi il rugit si longtemps, jusqu'à ce qu'une colombe blanche apporte dans son bec un rameau d'olivier, que le Lyonnais dévoré en un instant, et ainsi fut apaisé. La Licorne revint donc chez elle avec joie, tandis que notre Vierge nous faisait descendre par l'escalier en colimaçon.

Le récit se complique à mesure qu'il avance, et n'en demeure pas moins étrange dans son caractère ; ses détails sont inexplicables et fastidieux, et il sera impossible de les exposer à nos lecteurs. L'écrivain poursuit en décrivant ses promenades autour du château, les merveilles qui y rencontrèrent son regard, son traitement respectueux lors du banquet et un problème proposé par la Vierge qui fut dûment débattu par chacun à tour de rôle.

Quatrième jour.

Présenté au Roi par la Vierge qui expliqua que les seigneurs s'étaient aventurés ici au péril de leur corps et de leur vie – assurés par Atlas de l'accueil du Roi – promis par la Vierge de lui enlever le fardeau de sa vieillesse – représentation d'une comédie.

Cinquième jour.

Poursuite des explorations du château : découverte du lieu de sépulture de Dame Vénus, « cette beauté qui a détruit de nombreux grands hommes en

termes de fortune, d'honneur, de bénédiction et de prospérité ». Voyage avec
la Vierge jusqu'à la Tour de l'Olympe.

Sixième jour.

Distribution par tirage au sort d'Echelles, de Cordes et d'Ailes - l'oiseau
mystérieux - ressuscitant les morts.

Septième jour.

«Après huit heures, je me réveillai et me préparai rapidement, désireux de
retourner dans la tour, mais les passages sombres dans le mur étaient si
nombreux et variés que j'errai longtemps avant de pouvoir trouver la sortie.
Il en fut de même pour les autres , jusqu'à ce que finalement nous nous
retrouvions tous dans le caveau le plus bas, et des habits entièrement jaunes
nous furent donnés, ainsi que nos toisons d'or. A cette époque, la Vierge
nous déclara que nous étions Chevaliers de la Pierre d'Or, ce que nous
ignorions auparavant. Après que nous nous soyons ainsi préparés et pris nos
petits déjeuners, le vieillard nous présenta à chacun une médaille d'or ; d'un
côté se trouvaient ces mots : AR. NAT. MI. De l'autre, TEM. N / A. F.

En nous exhortant d'ailleurs à ne rien entreprendre au-delà et contre ce signe
de souvenir. Nous partîmes donc vers la mer, où nos navires étaient si
richement équipés qu'il n'était pas possible qu'il faille d'abord y amener des
choses aussi courageuses . Les navires étaient au nombre de douze ; nos
drapeaux étaient les douze signes célestes, et nous étions assis en Balance.
Entre autres choses, notre navire avait aussi une horloge noble et curieuse,
qui nous montrait toutes les minutes. Les navires passèrent et avant que nous
ayons navigué deux heures, le marin nous dit qu'il voyait déjà tout le lac
presque couvert de navires, ce qui nous faisait supposer qu'ils étaient venus
mais pour nous rencontrer, ce qui s'est également avéré vrai. Dès qu'ils furent
bien au courant de nous, les pièces furent déchargées des deux côtés, et il y
eut un tel vacarme de trompettes, de palets et de timbales que tous les navires
sur la mer cabriolèrent de nouveau. Finalement, dès que nous approchâmes,
ils rassemblèrent nos navires et prirent ainsi position. Immédiatement, le vieil
Atlas s'avança au nom du roi, faisant un discours court mais beau, dans lequel
il nous accueillit et demanda si les cadeaux royaux étaient prêts. Le reste de
mes compagnons étaient dans un immense étonnement quant à la raison
pour laquelle ce roi devait se lever, car ils n'imaginaient pas d'autre chose que
de le réveiller de nouveau. Nous les laissions continuer dans leur
émerveillement et nous nous comportions comme si cela nous paraissait
étrange à nous aussi. Après le discours d'Atlas, notre vieil homme sort, faisant
une réponse un peu plus large, dans laquelle il souhaite au roi et à la reine
tout le bonheur et l'augmentation, après quoi il rendit un curieux petit

cercueil, mais ce qu'il contenait, je l'ignore ; seulement il était confié à Cupidon, qui planait entre eux deux, de le garder. Après que le discours fut terminé, ils lancèrent de nouveau une joyeuse volée de coups de feu, et ainsi nous naviguâmes ensemble pendant un bon moment, jusqu'à ce que nous arrivions enfin à un autre rivage. C'était près de la première porte par laquelle je suis entré pour la première fois. A cet endroit encore se trouvaient une grande multitude de membres de la famille du roi ainsi que quelques centaines de chevaux. Notre vieux seigneur et moi, très indignes, devions chevaucher aux côtés du roi, chacun de nous portant une enseigne blanche comme neige, avec une croix rouge. J'avais attaché mes jetons autour de mon chapeau, ce que le jeune roi remarqua bientôt et demanda si j'étais lui , qui pourrait à la porte racheter ces jetons ? J'ai répondu de la manière la plus humble : Oui . Mais il s'est moqué de moi en disant qu'il n'y avait désormais plus besoin de cérémonie ; J'étais son père. Puis il m'a demandé avec quoi je les avais rachetés. Je répondis avec de l'eau et du sel, sur quoi il se demanda qui m'avait rendu si sage, ce sur quoi je devins un peu plus confiant, et lui raconta comment cela m'était arrivé avec mon pain, la colombe et le corbeau, et il en fut content, et dit expressément qu'il fallait bien que Dieu m'eût par là accordé un bonheur singulier... Pendant ce temps, les tables étaient dressées dans une salle spacieuse, dans laquelle nous n'avions jamais été auparavant ; nous y fûmes conduits avec une pompe et une cérémonie singulières. Ce fut le dernier repas le plus noble auquel j'assistai. Après le banquet, les tables furent soudainement enlevées et certaines chaises curieuses furent placées tout autour en cercle, dans lesquelles nous devions nous asseoir avec le roi et la reine, leurs vieillards, les dames et les vierges. Après quoi, une très belle page ouvrait le glorieux petit livre mentionné ci-dessus , lorsqu'Atlas, se plaçant immédiatement au milieu, commença à nous parler du but qui allait suivre. Que Sa Majesté royale n'avait pas encore fait oublier le service que nous avions rendu et le soin avec lequel nous avions accompli notre devoir, et que par conséquent, en guise de rétribution, elle avait élu chacun de nous Chevaliers de la Pierre Dorée. Qu'il fallait donc non seulement nous obliger une fois de plus envers sa majesté royale, mais aussi jurer maintenant sur les articles suivants, et alors sa majesté royale saurait également comment se comporter envers son peuple suzerain. Sur quoi il fit relire au page les articles, qui étaient ceux-ci :

1. — Vous, mes seigneurs les chevaliers, jurez de n'attribuer à aucun moment votre ordre ni à aucun diable, ni à aucun esprit, mais seulement à Dieu votre Créateur et à sa servante Nature.

2.— Que vous abhorrez toute prostitution, incontinence et impureté, et que vous ne souilliez pas votre ordre par de tels vices.

3.— Que vous, par vos talents, soyez prêts à assister tous ceux qui en sont dignes et qui en ont besoin.

4.— Que vous ne désirez pas employer cet honneur à l'orgueil mondain et à la haute autorité.

5.— Que vous ne voudriez pas vivre plus longtemps que Dieu ne le veut.

Maintenant que nous devions leur faire vœu à tous par le sceptre du roi, nous fûmes ensuite, avec les cérémonies habituelles, installés chevaliers, et entre autres privilèges réglâmes notre ignorance, notre pauvreté et notre maladie ; les manipuler à notre guise. Et cela fut ensuite ratifié dans une petite chapelle, et des remerciements en furent rendus à Dieu. Et parce que chacun était là pour écrire son nom, j'écris ainsi :

Summa Scientia nihil Scire ,
P. Christianus Rosencreutz,Eques aurei Lapidis,Anno 1549. »

CHAPITRE VIII.

Conclusion : rosicrucianisme moderne.

DANS Notes and Queries du 15 novembre 1886, nous trouvons ce qui suit : « Dans l'Encyclopédie des étudiants, publiée par Hodder et Stoughton en 1883, je trouve la double déclaration suivante : « Aujourd'hui encore, on dit qu'il existe une loge rosicrucienne. à Londres, dont les membres prétendent par ascétisme vivre au-delà de l'âge assigné à l'homme, et auquel feu Lord Lytton a vainement cherché à être admis. Puis-je demander si quelque chose d'authentique peut être appris (1) quant à l'existence de ces rosicruciens modernes, et (2) quant à l'échec de Lord Lytton à être admis parmi eux ?

Dans le numéro du 13 décembre de la même année, on répondait ainsi à la question ci-dessus : « La Soc. Rosique. in Anglia tient encore plusieurs réunions par an à Londres. Les Fratres enquêtent sur les sciences occultes ; mais je ne sache pas qu'aucun d'entre eux pratique désormais l'ascèse ou espère prolonger indéfiniment sa vie sur terre. Il n'est pas d'usage de divulguer les noms des candidats qui se sont vu refuser l'admission au premier grade, celui de Zelator, il faut donc demander à être dispensé de répondre à la question concernant Lord Lytton.

WYNN WESTCOTT, *MB, Magister Templi* .

En septembre de l'année précédente, un correspondant demandait si quelqu'un pouvait l'informer s'il y avait encore des membres de la société des Rose-Croix (ou Rosicruciens) ; et s'il y en avait, comment pourrait-on communiquer avec eux ? Et s'il y avait encore des alchimistes à la recherche de la pierre philosophale et de la transmutation des métaux ? Cela évoqua la réponse suivante : -

« Certains disent que les rosicruciens modernes sont les mêmes que les francs-maçons ; mais comme ils vivaient pour l'essentiel isolés, ils ne pouvaient avoir que peu de liens avec les maçons. La gamme d'hommes célèbres inclus dans la société est large :—Avicenne, Roger Bacon, Cardan, jusqu'à M. Peter Woulfe, FRS, qui vivait au n° 2, Barnard's Inn, et était, selon M. Brand, le dernier vrai croyant en l'alchimie. Mais il ne fait aucun doute que quelques-uns s'adonnent encore à ces choses occultes. Notes et requêtes, série 6, vol 8, 317.

Sur la même page du même volume , nous avons : « Les rosicruciens sont maintenant (comment je ne le sais pas) incorporés et forment l'un des rangs les plus élevés, sinon le rang le plus élevé, des francs-maçons anglais. » Aussi : « En réponse à Charles D. Sunderland, permettez-moi de dire qu'il existe encore des Rosicruciens et des Alchimistes. »

De Quincey n'hésite pas un instant à se prononcer sur l'identité entre rosicrucianisme et franc-maçonnerie. Il dit : « J'entreprendrai maintenant de prouver que le rosicrucianisme a été transplanté en Angleterre, où il a prospéré sous un nouveau nom, sous lequel il a été depuis réexporté vers nous en commun avec d'autres pays de la chrétienté. Car j'affirme comme thèse principale de mes travaux de conclusion, que la franc-maçonnerie n'est ni plus ni moins que le rosicrucianisme tel que modifié par ceux qui l'ont transplanté en Angleterre. Il avance ensuite un argument pour montrer cette identité entre les deux, argument auquel notre espace limité nous interdit de faire plus que brièvement allusion. Il dit : « En 1633, nous avons vu que l'ancien nom était aboli ; mais jusqu'à présent aucun nouveau nom n'a été substitué ; à défaut d'un tel nom, ils furent désignés *par intérim* par le terme général d'hommes sages. Mais cette appellation étant trop vague pour les hommes qui voulaient se constituer en une société séparée et exclusive, il fallut en inventer une nouvelle, faisant une allusion plus particulière à leurs objets caractéristiques. Or, l'indice immédiat pour les maçons provenait de la légende contenue dans la *Fama Fraternitatis*, de la « Maison du Saint-Esprit ». Cela avait fait l'objet de nombreuses spéculations en Allemagne ; et beaucoup avaient été assez simples pour comprendre l'expression d'une maison littérale, et s'en étaient renseignés dans tout l'empire. Mais Andrea ne pouvait pas le comprendre autrement que dans un sens allégorique, en le décrivant comme un bâtiment qui resterait à jamais invisible au monde impie. Théophile Schweighart en avait aussi parlé ainsi : « C'est un édifice, dit-il, un grand édifice, *carens fenestris et foribus*, un palais princier, voire impérial, partout visible, et pourtant invisible aux yeux de l'homme. » Ce bâtiment représentait en fait le but ou l'objet des Rose-Croix. Et qu'est-ce que c'était ? C'était la sagesse secrète, ou, dans leur langage, *la magie*, à savoir 1. la philosophie de la nature, ou la connaissance occulte des œuvres de Dieu ; 2 . Théologie, ou connaissance occulte de Dieu lui-même ; 3 . La religion, ou les relations occultes de Dieu avec l'esprit de l'homme, qu'ils imaginaient avoir été transmises d'Adam à eux-mêmes par l'intermédiaire des kabbalistes. Mais ils faisaient la distinction entre une connaissance charnelle et une connaissance spirituelle de cette magie. La connaissance spirituelle est l'affaire du christianisme et est symbolisée par le Christ lui-même comme un rocher et un édifice de la nature humaine, dont les hommes sont les pierres et le Christ la pierre angulaire. Mais comment les pierres peuvent-elles se déplacer et s'organiser pour former un bâtiment ? «Ils doivent devenir des pierres vivantes.» Mais qu'est-ce qu'une pierre vivante ? "Une pierre vivante est un maçon qui s'érige dans le mur comme une partie du temple de la nature humaine." Dans ces passages, nous voyons l'utilisation du nom allégorique de maçons lors de l'extinction de l'ancien nom. En d'autres endroits, Fludd exprime cela encore plus distinctement. La société devait donc être une société maçonnique, afin de représenter typiquement ce temple du Saint-

Esprit qu'il leur appartenait d'ériger dans l'esprit de l'homme. Ce temple était l'abstrait de la doctrine du Christ, qui était le Grand-Maître : de là la lumière venue d'Orient, dont on parle tant dans les livres rosicruciens et maçonniques. Après avoir poussé le sujet un peu plus loin dans une direction similaire, De Quincey résume ainsi les résultats de son enquête sur l'origine et la nature de la franc-maçonnerie :

1. Les premiers francs-maçons étaient une société née de la folie rosicrucienne, certainement au cours des treize années allant de 1633 à 1646, et probablement entre 1633 et 1640. Leur objet était la magie au sens cabalistique, *c'est-à-dire* la sagesse occulte transmise du début du monde et mûri par Christ; communiquer cela quand ils l'avaient, le chercher quand ils ne l'avaient pas : et tous deux sous le serment de secret.

2. L'objet de la franc-maçonnerie était représenté sous la forme du Temple de Salomon, comme un type de la véritable Église, dont la pierre angulaire est le Christ. Ce temple doit être construit avec des hommes ou des pierres vivantes : et la véritable méthode et l'art de construire avec des hommes relèvent de la magie d'enseigner. C'est pourquoi tous les symboles maçonniques soit font référence au Temple de Salomon, soit sont des modes figuratifs d'expression des idées et des doctrines magiques au sens des Rose-Croix et de leurs prédécesseurs mystiques en général.

3. Les francs-maçons ayant autrefois adopté les symboles, etc., de l'art de la maçonnerie, auquel ils étaient conduits par le langage de l'Écriture , allèrent ensuite se rattacher dans une certaine mesure à l'ordre même des maçons artisanaux et adoptèrent leur distribution. des membres en apprentis, compagnons et maîtres. Le Christ est le Grand-Maître et a été mis à mort alors qu'il posait les fondations du temple de la nature humaine.

4. Les juifs, les mahométans et les catholiques romains étaient tous exclus des premières loges maçonniques. Les catholiques romains furent exclus en raison de leur intolérance : car c'était une caractéristique distinctive des rosicruciens qu'ils furent les premiers à concevoir l'idée d'une société qui devrait agir selon le principe de la tolérance religieuse, souhaitant que rien n'interfère avec la communauté la plus étendue. opération dans leurs plans, sauf de telles différences sur les éléments essentiels de la religion qui rendent toute coopération impossible.

5. La franc-maçonnerie, de même qu'elle honorait toutes les formes du christianisme, les considérant comme des approximations plus ou moins éloignées de la vérité idéale, de même elle faisait abstraction de toutes les formes de politique civile comme étrangères à ses propres objets, qui, selon leurs expressions les plus brèves, sont (1) La Gloire de Dieu ; (2) Le service des hommes.

6. Il n'y a rien dans l'imagerie, les mythes, les rituels ou les objectifs de la franc-maçonnerie ancienne qui ne puisse être attribué aux romans du Père Rose-Croix, tels qu'ils sont donnés dans la Fama Fraternitatis.

De Quincey n'est pas le seul écrivain à s'être exprimé selon lequel les systèmes de la franc-maçonnerie et du rosicrucianisme sont virtuellement identiques ; d'autres l'ont dit également, et en exposant leurs opinions, ils n'ont pas hésité à écrire en respectant le plus sévèrement ce qu'ils croyaient être les ruses et les impositions des deux. M. George Soane, dans ses « Nouvelles Curiosités de la Littérature », dit des francs-maçons qu'il peut montrer que leur société est née d'un rosicrucianisme pourri, tout comme le scarabée est engendré à partir d'un tas d'immondices . Et plus loin, il dit : « Un grand nombre de vieux contes de crèche maintiennent encore leur place parmi nous ; et parmi celles-ci, la franc-maçonnerie est la plus répandue et la plus ridicule. « Bien sûr, poursuit-il, une telle opinion choquera beaucoup de messieurs, qui portent des tabliers, en cuir ou en soie selon le cas, et qui s'amusent à parler de la lumière de l'Est, et de la construction du Temple de Salomon, et de bien d'autres farces enfantines qui, jouées en plein jour, seraient ridicules.

Il continue en disant : « En parcourant une masse de déchets alchimiques à des fins très différentes, j'ai été frappé par la grande similitude à la fois de la doctrine et des symboles existant entre les rosicruciens et les francs-maçons. Avec plus de hâte que de jugement, j'ai d'abord imaginé que les frères de la Rose-Croix n'étaient que des imitateurs des francs-maçons, mais après une longue et patiente enquête, poursuivie dans plus de volumes que je ne voudrais oser encore pour un tel objet, j'ai été contraint d'abandonner mon poste. Les francs-maçons , comme les rosicruciens, revendiquaient certes une grande antiquité, mais si certains d'entre eux dataient modestement l'origine de leur ordre d'Adam, je ne pouvais en aucun cas la faire remonter au-delà de la première moitié du XVIIe siècle. Leurs affirmations historiques, lorsqu'elles ont été testées et examinées de manière équitable, se sont effondrées en poussière ; les preuves négatives étaient aussi fortes qu'elles pouvaient l'être ; et à la fin, la conclusion était à mon avis inévitable.

Soane poursuit ensuite en disant : « Je n'éprouve pas la moindre hésitation à dire que les francs-maçons n'ont pas de secret au-delà de quelques légendes trompeuses et de l'attachement de certaines significations religieuses et morales à un ensemble d'emblèmes, principalement empruntés à l'art mécanique de l'art mécanique. constructeur. J'affirme aussi que tous ces symboles, avec leurs interprétations, sont d'origine rosicrucienne, et que les francs-maçons n'ont jamais appartenu aux corporations ouvrières, leurs objets étant totalement différents.

Le professeur Buhle, dans son dernier chapitre, soutient que « la franc-maçonnerie n'est ni plus ni moins que le rosicrucianisme tel que modifié par ceux qui l'ont transplanté en Angleterre ». Le Dr Mackey, cependant, est d'un point de vue contraire et, dans l'Index synoptique de son « Symbolisme de la franc-maçonnerie et des rosicruciens », dit : « Une secte de philosophes hermétiques, fondée au XVe siècle, qui étaient engagés dans l'étude des sciences abstruses. C'était une société secrète qui ressemblait beaucoup à la maçonnique dans son organisation et dans certains des sujets de son enquête, mais elle n'avait aucun autre lien avec la franc-maçonnerie.

Il y a cinquante ans, un écrivain du Penny Cyclopædia disait : « Certains disent que l'ordre des Rose-Croix est identique à celui des francs-maçons, dont l'un des degrés ou dignités est appelé dans certains pays le degré de la Croix-Rouge. Les Rosicruciens n'ont pas été entendus comme un ordre distinct depuis près d'un siècle, mais certains ont pensé qu'ils continuaient à exister sous le nom d'Illuminati, dont on parlait beaucoup en Allemagne et en France à la fin du XVIIIe siècle. . Barruel, après avoir décrit les cérémonies par lesquelles les candidats étaient admis au grade de Croix-Rouge dans certaines loges maçonniques, qui varient cependant, dit-il, selon les pays, observe que ces cérémonies, qui faisaient apparemment allusion à la Passion de Jésus-Christ, étaient interprété différemment, selon les dispositions des candidats ; que les uns y voyaient un souvenir de la Passion, d'autres une introduction aux arcanes de l'alchimie et de la magie, et d'autres enfin une invective blasphématoire contre le fondateur du christianisme que les Rose-Croix avaient tiré des Templiers d'autrefois.

LA PRIÈRE ROSIE CRUCIAN À DIEU.

JÉSUS MIHI OMNIA.

Δ

« Ô Toi, partout et bon de Tous, quoi que je fasse, souviens-toi, je t'en supplie, que je ne suis que Poussière, mais comme une Vapeur jaillie de la Terre, que même ton plus petit Souffle peut disperser ; Tu m'as donné une âme et des lois pour la gouverner ; que cette règle éternelle, que tu as d'abord désignée pour influencer l'homme, m'ordonne ; fais-moi prendre soin de montrer ta gloire dans toutes mes voies ; et là où je ne peux pas te connaître correctement, afin que non seulement mon entendement, mais mon ignorance puissent t'honorer. Tu es tout ce qui peut être parfait ; Ta révélation m'a rendu heureux ; ne te fâche pas, ô Divin, ô Dieu le Très-Haut Créateur, s'il Te plaît, permets que ces Secrets révélés, tes Dons seuls, non pour ma louange, mais pour ta Gloire, se manifestent. Je t'en supplie, Dieu très miséricordieux, qu'ils ne tombent pas entre les mains d'ignorants envieux , qui brouillent ces vérités à ton déshonneur, en disant qu'il n'est pas licite de les publier, parce que ce que Dieu révèle doit être gardé secret. Mais les philosophes Rosie Crucian déposent ce secret dans le sein de Dieu, que j'ai présumé manifester clairement et clairement. Je supplie la Trinité, qu'elle soit imprimée telle que je l'ai écrite, afin que la vérité ne soit plus obscurcie par un langage ambigu. Bon Dieu, à part toi rien n'existe. Oh, coule-toi dans mon âme et fais-la couler avec ta grâce, ton illumination et ta révélation. Fais-moi dépendre de Toi ; Tu te réjouis que l'homme te considère comme son roi et ne cache pas le miel de connaissance qu'il a révélé. Je me jette à tes pieds comme un honneur pour toi. O établis ma confiance en Toi, car tu es la source de toute bonté, et tu ne peux qu'être miséricordieux, et tu ne peux pas non plus tromper l'âme humiliée qui a confiance en Toi : Et parce que je ne peux être défendu par Toi, à moins que je ne vive selon tes Lois, garde-moi, ô Souverain de mon âme, dans l'obéissance à ta Volonté, et que je ne blesse pas ma Conscience par le vice, en cachant tes Dons et Grâces qui m'ont été accordés ; car je sais que cela me détruira intérieurement et fera que ton Esprit Illuminateur me quittera : je crains de m'être déjà infiniment écarté des révélations de ce guide divin, que tu as ordonné de me diriger vers la vérité ; et pour cela je suis un triste prosterné et pénitent au pied de ton trône ; Je n'en appelle qu'à l'abondance de tes rémissions. Ô mon Dieu, mon Dieu, je sais que c'est un mystère au-delà de l'appréhension de la vaste âme, et donc assez profond pour que l'homme puisse y reposer en sécurité. Ô Toi, Être de tous les êtres, fais-moi travailler à Toi et à la réception. les armes de tes miséricordes paternelles me jettent. Pour les choses extérieures , je te remercie, et ce que j'ai, je le donne aux autres, au nom de la Trinité, librement et fidèlement, sans rien cacher de ce qui m'a été révélé et vécu comme n'étant ni une illusion ni un rêve diabolique, mais le Adjectamenta de tes grâces les plus riches ; les mines et les privations sont toutes deux entre tes mains. Je suis content de ce que tu m'as donné. Bon Dieu, raye-toi dans mon âme, donne-moi seulement un cœur pour te plaire, je ne te demande pas plus que ce que tu m'as donné, et cela pour me continuer, sans mépris et sans pitié honnête. Sauvez-moi du diable, des convoitises et des hommes : et pour ces amoureux de la mortalité, qui alourdiraient mon âme jusqu'à la bassesse et à la débauche, que ce soit ma gloire (me plantant dans une hauteur noble au-dessus d'eux) de les mépriser. Enlève-moi de moi-même et remplis-moi uniquement de toi. Résumez vos bénédictions en ces deux-là, afin que je puisse être à juste titre bon et sage ; Et pour l'amour de tes Vérités éternelles, accorde-les et rends-les reconnaissants. [5]

LA FIN.